改革开放40年：中国经济发展系列丛书

开放：

中国繁荣发展的必由之路

KAIFANG
ZHONGGUO FANRONG FAZHAN DE BIYOUZHILU

国家发展改革委宏观经济研究院对外经济研究所◎著

人民出版社

总　序

　　2018 年正值我国改革开放 40 周年。改革开放是决定当代中国命运的关键抉择，开启了人类历史上最为波澜壮阔的工业化和现代化进程。40 年来，中国经济社会发生了翻天覆地的变化，取得了举世瞩目的成就。党的十八大以来，以习近平同志为核心的党中央带领全国人民迎难而上、开拓进取，取得了改革开放和社会主义现代化建设的历史性变革和决定性进展。

　　统计显示，从 1978 年到 2017 年，我国国内生产总值按不变价计算增长了 33.5 倍，年均增长 9.5%。人均国内生产总值由 385 元增长到 59660 元，扣除价格因素，增长了 22.8 倍，年均增长 8.5%，实现了由低收入国家向中高收入国家的跨越；农业综合生产能力大幅提高，工业发展突飞猛进，服务业快速增长，建立了全球最完整的产业体系，220 多种工业产品产量位居世界第一，成为世界第一制造大国，产业结构由 27.7∶47.7∶24.6 调整为 7.9∶40.5∶51.6，就业结构由 70.5∶17.3∶12.2 调整为 27.0∶28.1∶44.9，我国用 40 年时间走过了发达国家近 100 年的工业化历程；城镇化率从 17.9% 提高到 58.5%，城镇常住人口从 1.7 亿人增加到 8.1 亿人，城市数量从 193 个增加到 657 个。40 年来，我国新增的城镇人口相当于美国总人口的 2 倍、日本的 5 倍、英国的 10 倍；对外贸易额从不到 100 亿美元增加到 4.11 万亿美元，跃居世界第一贸易大国，累计吸引外国直接投资 1.9 万亿美元。

我国已全方位融合全球经济体系，成为推动世界经济增长的重要引擎；农村贫困人口减少 7.4 亿，占全球减贫人口总数的 70% 以上，农村贫困发生率下降 94.4 个百分点。城乡居民恩格尔系数分别从 57.5% 和 67.7% 下降到 29.3% 和 32.2%。人均预期寿命从 1981 年的 67.8 岁提高到 76.7 岁。人民生活从短缺走向充裕、从贫困走向小康和全面小康。更为可贵的是，改革开放 40 年来，中国共产党在领导推进经济发展过程中，不断深化规律性认识，形成了许多重要的经验和启示。

中国宏观经济研究院（国家发展和改革委员会宏观经济研究院，以下简称宏观院）作为改革开放的亲历者和见证者，多年来始终把为中央宏观决策和国家发展改革委中心工作服务作为立院之本和第一要务，参与了许多改革开放重大课题研究和文件的起草工作。值此改革开放 40 周年之际，宏观院集全院之力，组织撰写了《改革开放 40 年：中国经济发展系列丛书》（以下简称《丛书》）。内容涵盖宏观经济、投资、外经、产业、区域、社会、市场、能源、运输、体制改革等经济社会发展的各个领域，既是对过去 40 年经验成就的回顾和总结，也包含了对新时代中国特色社会主义发展的展望与思考。

在《丛书》写作过程中，王家诚、俞建国、石康、齐援军等同志对书稿进行了审阅把关，人民出版社对《丛书》出版给予了大力支持，在此一并表示感谢！

由于时间和水平所限，《丛书》内容难免有不足之处，敬请读者批评指正。

中国宏观经济研究院

《丛书》编委会

2018 年 10 月

前　言

　　40 年前，我们党以巨大的政治勇气和深切的历史担当，做出对外开放的伟大决策，逐步探索出一条具有鲜明中国特色的对外开放道路。这是决定当代中国命运的关键一举，也是深刻影响世界历史进程的重大事件，注定将在中国历史乃至世界历史上写下浓墨重彩的一笔。

　　我国的对外开放取得巨大成功，促发展促改革促创新的成效十分显著，同时有效防范和化解了发展中国家开放过程中容易遭遇的一些风险和挑战。从二战后的世界经济发展史看，这个成就十分来之不易。过去 50 年，在既有的国际政治经济秩序下，只有少数经济体对外开放取得成功，通过开放发展跨越了中等收入陷阱。这些经济体实行的基本都是资本主义制度，多数经济基础本来就不错，发展过程中又得到西方发达经济体的支持和援助。我国是中国共产党领导下的社会主义国家，是拥有 13 亿多人口的大国，发展起点较低，又经常面临来自一些国际势力的阻力。考虑到这些情形，我国对外开放的成功稀有难得，经验弥足珍贵。这些经验是我国的宝贵财富，也是全人类的宝贵财富。

　　今年是改革开放 40 周年，我国对外开放站在更高起点，正在迈向更高水平。值此举国同庆的时候，国家发展和改革委员会对外经

济研究所全体同仁集文成书，回顾、总结中国对外开放的历程与经验，展望未来发展方向，主要基于三点期望。

第一，鉴往以知来。习近平总书记指出，总结好改革开放经验和启示，不仅是对40年艰辛探索和实践的最好庆祝，而且能为新时代推进中国特色社会主义伟大事业提供强大动力。40年来，我国已成长为开放型经济大国。未来，我国将按照党的十九大的战略部署，推动形成全面开放新格局。中国开放的大门不会关闭，只会越开越大。实现"两个一百年"奋斗目标，实现中华民族的伟大复兴，一定要海纳百川、高水平开放。未来开放的路怎么走，如何在开放中更好地维护国家利益、更好地推动合作共赢，过去的经验可以提供重要参照。我们回顾40年对外开放历程，期望为我国更好地打开国门搞建设、推动形成全面开放新格局，提供一些经验借鉴和智力支持。

第二，明己以惠世。习近平总书记指出，中国将始终是全球共同开放的重要推动者，中国将始终是世界经济增长的稳定动力源，中国将始终是各国拓展商机的活力大市场，中国将始终是全球治理改革的积极贡献者。当今时代，人类社会正处在百年未有的大变局，大发展大变革大调整的态势十分明显。全球治理体系已不完全适应世界经济的新变化，亟待改革完善。我国是全球第二大经济体，是具有举足轻重地位的开放大国，成功开辟了中国特色社会主义道路、理论、制度和文化，应当为全球治理贡献更多的智慧和方案。这是世界进步的需要，是我国对国际社会的庄严承诺，也是我国对人类命运共同体的责任担当。要贡献中国智慧，就要讲好中国故事；要讲好中国故事，首先是讲好中国改革开放的故事。我们回顾40年对外开放历程，传播和分享中国对外开放的知识与经验，期望为构建开放型世界经济、使更多国家从开放中获益提供有益参考。

　　第三，追远以积学。作为政策研究机构，我们肩负着为国家开放型经济发展提供决策咨询的重任，需要不断加强理论素养，提升学术水平。"疏通知远，书教也。"回顾 40 年对外开放历程，于我们而言是一个学史、知史、明史的过程，期望获得更多理性认识和洞察，自觉地将今后的研究置于我国宏阔而深厚的对外开放历史中，为国家宏观决策提供更多更好的咨询服务。

　　本书采取总分结构，包括十章内容。第一章总论我国 40 年对外开放的道路、经验和未来方向，第二章到第十章对若干具体领域进行深入研究。在设计书稿框架和撰写过程中，我们力求做到三点：

　　一是全面。我国波澜壮阔的对外开放历程，形成了全方位宽领域多层次的对外开放格局。本书的研究涵盖 40 年对外开放的各个阶段，以及货物贸易、服务贸易、利用外资、走出去、金融开放、"一带一路"建设、区域开放、自由贸易区、参与全球经济治理等重要领域。我们力求展示我国对外开放方方面面的重要成就，探求各领域开放之间的内在逻辑，勾勒出一副对外开放的"全景图"。

　　二是深入。40 年对外开放的生动实践，积累了丰富的感性认识素材。需要对这些素材进行理性的加工，从纷繁复杂的现象中抽丝剥茧，寻找规律和道理。唯其如此，才能对未来我国对外开放发挥更加有效的参照作用，也对那些希望学习借鉴我国开放经验的国家提供更加有效的参考。因此，我们对 40 年对外开放历程的回顾，不仅是罗列数据、陈述事实，更是总结经验、把握规律、凝练观点，从感性认识上升到理性思考。

　　三是客观。我国 40 年的对外开放并非一帆风顺、波澜不惊，而是克服了不少艰难险阻，取得今天的成就殊非易事。从世界经济发

展史看，如何应对各种风险，始终是发展中国家开放进程中的一个关键问题。在本书中，我们既充分肯定我国对外开放的巨大成就，也深入分析开放历程中遇到的风险和挑战，正视当前存在的短板与不足，面向未来提出建设性意见和建议。唯其如此，才能更加真实地反映 40 年对外开放的不易，更加务实地推动对外开放迈向高质量发展，也为那些希望学习借鉴我国经验的国家提供更加完整的叙事。

　　文无第一，学也无涯。尽管我们努力精益求精，但囿于知识、时间等限制，此书一定还有可以切磋琢磨以臻完善之处。我们不揣谫陋，以待方家之玉。

杨长湧

2018 年 8 月

目　录

第一章　中国对外开放四十年：
道路、经验和展望

第一节　中国对外开放 40 年取得的伟大成就

　　对外开放促进了对内深化改革和经济社会持续健康发展，成就了今天中国的硬实力和软实力。经济中高速增长、制造业竞争力提升、人民获得感增强、国家治理能力提升，为承担大国责任、书写与世界各国新型关系创造条件。40 年来，解放思想，要素互通，释放活力，中国从贫穷落后到世界第二大经济体、第一大工业国、第一大货物贸易国、第二大对外直接投资国，经济社会和人民生活发生翻天覆地的变化。这些历史性成就，是中国道路、中国理论、中国制度、中国文化的理论体系与开放实践相结合的成功诠释。40 年来，坚持中国共产党领导的中国特色社会主义道路的开放实践，不仅坚定了对"四个自信"引领中国持续走向国家富强，民族复兴，屹立世界强国之林的理论信仰，也为深化中国与世界的交往与合作，构建人类命运共同体，注入新内涵，增添新动力。我们坚信，在习近平新时代中国特色社会主义经济思想指引下，中国改革开放道路将越走越坚定，越走越宽广。

一、经济中高速增长，为世界经济增长与稳定注入动力

1978 年，中国处在一个非常封闭的环境中，是世界上最贫穷的国家之一。按照世行统计数据，当年，中国人均国内生产总值（GDP）是 156 美元，同年，撒哈拉沙漠以南非洲国家人均 GDP 平均数是 490 美元，中国不及其三分之一。1978 年年底，中国拥有 10 亿人口，81% 是农民，文盲众多，84% 的人生活费达不到每人每日 1.25 美元的国际贫困线标准。当年，中国进出口贸易中，出口只占国内生产总值的 4.1%，进口占 5.6%，两项加起来只有 9.7%，表明当时，中国 90% 以上的国民经济与世界经济不相干，外部环境对中国鲜有影响。在如此低的起点上，1978 年至 2017 年的 39 年间，中国经济年均增长速度达到 9.5%，是人类经济发展史上罕见的奇迹，2017 年经济规模是 1978 年的 34 倍，经济总量占世界份额从 1.8% 增至 15% 左右。改革开放 40 年来，当代中国已经连续多年对世界经济增长贡献率超过 30%，成为世界经济增长的主要稳定器和动力源。党的十八大以来的 2013—2016 年期间，中国经济增速波动幅度只有 1.1 个百分点，明显小于同期美国、欧元区和日本经济波动幅度。作为全球第二大经济体，中国经济平稳增长对降低世界经济波动风险起到了举足轻重的作用。G2 的产生虽然有捧杀意涵，但也说明中国经济增长带来的国力提升，已经使国际社会对中国参与国际宏观经济政策协调提出了切实需求。改革开放 40 年，开辟出一条中国特色社会主义开放道路，成就了中国，深刻影响了世界。

对外开放不断扩大，进出口快速增长，中国与世界各国互动增强。统计显示，过去 39 年间，中国进出口贸易年均增长 14.5%。1978 年，贸易总值在国内生产总值中的比重只有 9.7%，现在这一比重超过 30%。从贸易依存度看，在人口超过 1 亿人的大国中，中国贸易依存度最高，对外贸易拉动经济快速增长。2009 年，中国经济规模首次超过日本，成为世界第二大经济体。2010 年，中国出口额超过德国，成为世界第一大货物贸易出口国，出口商品结构明显改善。1978 年，中国 75% 以上出口产品是农产品或农产品消费品，现在 97% 以上出口产品是工业制成品，中国成为名副其实的世界工厂，世界制造业大国。2013 年，中国贸易额超过美国，成为世界第一大贸易国。联合国贸发会议统计，2010—2015 年，中国货物贸易出口额占全球的比重由 10.3% 提高到 13.7%，进口额比重由 9.1% 提高到 10.1%；服务贸易出口额的全球比重由 3.9% 提高到 5.9%，进口额的全球比重由 4.8% 提高到 9.9%，表明中国在世界经济和贸易中的地位不断提升。党的十八大以来，中国进一步自主扩大对外开放，服务业质量稳中有升，服务贸易成为对外贸易发展的新引擎。2017 年，服务业增加值占全国 GDP 比重 51.6%，连续 5 年在三次产业中领跑，服务业增长对国民经济增长的贡献率为 58.8%，推动全国 GDP 增长 4.0 个百分点。服务进出口总额 46991.1 亿元，同比增长 6.8%。商务部数据显示，2012—2017 年，中国服务贸易年均增长 7.8%，规模跃居世界第二，表明现代化经济体系建设正为中国双向融入价值链合作创造产业条件。

服务业利用外资不断扩大，对外投资取得突破性进展。近年来，外商投资重点已经从加工制造逐步拓展到计算机、集成电路、智能制造等高新技术领域，在中国设立区域总部、研发中心的跨国公司近 2000 家。截至 2017 年年底，外资银行在华营业性机构总数达 1013 家，近 15 年增长近 5 倍。截至 2018 年 5 月 30 日，合格境外机构投资者（QFII）投资额度审批了 287 宗，总金额是 994.59 亿美元。

同期，合格境内机构投资者（QDII）投资额度审批了 152 宗，共计 1015.03 亿美元。2016 年，中国对外投资流量蝉联全球第二，占比首次超过一成，连续两年实现双向直接投资项下资本净输出。同时，存量全球排名前进 2 位，跃居第六，年末境外企业资产总额超过 5 万亿美元。截至 2016 年年底，中国 2.44 万家境内投资者在国（境）外设立对外直接投资企业 3.72 万家，分布在全球 190 个国家（地区）；中国对外直接投资累计净额（存量）达 13573.9 亿美元，在全球占比提升至 5.2%，位居第六。2003—2016 年间，中国对外投资复合增长率是 35%，年度同比增长率最高达到 123%（2005 年），即使在金融危机期间对外投资也保持了正增速。截至 2017 年年底，直接投资占中国海外总资产比重为 21%，和其他国家相比，中国这个比重并不低。从中国海外资产结构看，中国对外投资也已经超过外商直接投资，成为直接投资净流出国。进出口贸易快速增长，引进外资和对外投资保持良好态势，金融业和金融市场开放，都为中国参与国际宏观经济政策协调提出了新挑战。

二、制造业竞争力提升，为参与价值链合作拓宽了空间

40 年来，中国产业结构调整和优化取得重大进展，成为制造业生产和出口大国、制造业领域利用外资大国和境外投资大国，逐步融入国际产业分工体系，对全球经济增长作出重要贡献。中国拥有世界上最完备的工业体系，为参与价值链合作拓展了广阔空间。2017 年，中国货物进出口总额达到 4.1 万亿美元，是 1978 年的 783 倍；制造业领域实际利用外资达 335 亿美元，对外直接投资累计 1201 亿美元，由制造技术、制造装备和中国制造精神牵引的国际合作创造了互利共赢的新局面。

开放领域不断扩大。制造业一直是外商投资重点领域，2017年中国制造业新设立外商投资企业4986家，同比增长24.3%。新修订的《外商投资产业指导目录（2017年）》，大幅压减了对外商投资准入的限制，在制造业31个大类、179个中类和609个小类中，完全对外资开放的已有22个大类、167个中类和585个小类，分别占71%、93.3%和96.1%。与此同时，中国企业海外投资近年来呈现强劲增长态势，制造业占海外投资比重三分之一以上，覆盖纺织、食品、机械、汽车、电子等众多领域。美中关系全国委员会报告显示，中国企业在美国俄亥俄州直接雇佣了超过14万名美国人。截至2017年年底，仅中国企业在境外经贸合作区累计投资就达到307亿美元，上缴东道国税费24.2亿美元，为当地创造就业岗位25.8万个。

合作区域不断拓展。从经济特区到沿海开放城市再到中西部和沿边地区，中国制造业形成了全方位、宽领域、多层次的对外开放格局。自1980年中国在深圳设立第一个经济特区以来，资金、技术和人才纷至沓来。大众、西门子、苹果、英特尔、三星、丰田、塔塔等世界500强企业遍布中国东中西部地区，绝大多数企业获得良好投资回报。2000年实施"走出去"战略，中资企业对外投资成为国际资本的一部分。"一带一路"建设，中国制造从过去主要投向欧洲、北美和东南亚地区拓展到其他区域，开展国际产能和装备制造合作。中国同哈萨克斯坦、马来西亚等30多个国家签署了产能合作有关文件，一些国家急需的钢铁、有色金属、建材等领域重大项目在市场化运作中稳步实施，一批境外产业园区相继落成。

开放层次不断提高。近年来，外商投资重点从加工制造逐步拓展到计算机、集成电路、智能制造等高新技术领域，在中国设立区域总部、研发中心的跨国公司近2000家。2017年，高技术制造业

实际使用外资 665.9 亿元，同比增长 11.3%；其中，电子及通信设备制造业、计算机及办公设备制造业、医疗仪器设备及仪器仪表制造业同比分别增长 7.9%、71.1% 和 28%。中国企业境外投资的规模和层次也在快速提升。2012 年，中国对美直接投资首次超过美国对华投资；2016 年，中国对美直接投资达 169.81 亿美元，同比增长 111.5%。在进入"全球产业 20 强"的中国工程机械制造商中，徐工、中联重科、三一、柳工等企业几乎都在欧洲建立了研发机构。

合作渠道日趋常态化。在推动《中国制造 2025》实施过程中，中国主动对接其他国家制造业发展战略，利用各种多边、双边合作机制推动制造业国际合作，与德、法等国在战略对接、标准制定、园区建设等方面积极开展对话与合作。目前，已建立了中国—东盟投资合作基金、中拉产能合作投资基金、中欧共同投资基金、中墨投资基金、中法第三方市场合作共同基金等。同时，中美、中德在智能制造、工业互联网等领域的合作不断深化。如，美国通用电气公司也在工业互联网技术、标准、联盟等领域与中国企业开展务实合作。又如，中德在智能制造领域围绕产业、标准化、人才培养、示范园区等重点合作方向，开展了智能制造及生产过程网络化合作试点示范，促进中德双方互学互鉴，在合作新模式中实现互利互惠。壮大的制造业，不仅成为立国之本、兴国之器、强国之基，也增大了国际合作的回旋余地。

三、人民群众获得感增强，为发展中国家发展道路选择提供了积极示范

中国以人民为中心的执政理念，强调的是增进人民福祉，增强

人民群众获得感，实现社会公平正义。党的十八大以来，以习近平同志为核心的党中央始终坚持以人为本、以民为本，突出人民至上，致力于解决发展中共享性不够、受益不平衡的问题。在党的十八届五中全会上，"共享"与创新、协调、绿色、开放一同被列为五大发展理念。一切发展最终都是为了人的发展。实现共享发展，仅靠生产力发展和财富增加还不够，还需要制度保证。坚持和完善公有制为主体、多种所有制经济共同发展的基本经济制度，逐步实现共享发展。同时，实现共享发展还需要分配制度保证。现阶段，仍然贯彻落实以按劳分配为主体、多种分配形式并存的收入分配制度，不仅在国民收入再分配领域要更加注重公平，而且在初次分配领域也要把公平和效率统一起来，努力实现居民收入增长与经济发展同步、劳动报酬增长与劳动生产率提高同步，从而把提高人民获得感与增强发展动力统一起来。

90多年来，在中国共产党带领下，中国人民实现了从站起来、富起来到强起来的伟大飞跃。在富起来、强起来的过程中，中国实现了工业化、信息化、城镇化的快速推进。中国经济总量跃居世界第二。在世界各国绝大多数发展规划中，全民共享发展都是缺失的一环。中国提出共享发展是包容的、全面的、更可持续的发展。过去5年，共享发展理念帮助减少农村贫困人口累计6853万人。仅2016年，中国就有超过1000万人告别贫困。中国减贫速度和规模，在人类历史上绝无仅有。为更好地啃下脱贫攻坚这块硬骨头，党中央下达了"军令状"，各地各部门花大力气摸索出了切实可行的扶贫方案：一方水土养不活一方人的，要易地搬迁扶贫；没有技术、缺乏知识的，要提供教育机会和就业培训，谓之"造血式"扶贫；就业机会少、产业结构不合理的地区，要开发新项目，扶植当地企业

吸纳贫困人口就业，进行产业扶贫。因地制宜，量体裁衣，真正扶贫到户、到人，实现"精准扶贫"。在减少贫困人口上，中国为全球作出了超过 70% 的贡献。

党的十八大以来，全面深化医药卫生体制改革持续推进，全民共享健康红利，医疗质量和医疗服务能力显著提升。2016 年，全国医疗卫生机构总诊疗人数达 79.3 亿人次，较 2015 年增加 2.4 亿人次，增长约 3.1%。2016 年年末，全国医疗卫生机构数达到 98.3 万个，其中医院 2.9 万个，比 2012 年年末增加 0.6 万个。居民平均预期寿命由 2010 年的 74.83 岁提高到 2015 年的 76.34 岁。15 岁及以上人口平均受教育年限由 2010 年的 9.05 年提高到 2015 年的 9.42 年。高等教育毛入学率显著提高，2016 年达到 42.7%，比 2012 年提高 12.7 个百分点。2013—2016 年，城镇新增就业连续四年保持在 1300 万人以上，31 个大城市城镇调查失业率基本稳定在 5% 左右。2016 年，中国地方一般公共预算文化体育与传媒支出 2917 亿元，比 2012 年增长 40.6%。城乡居民文化娱乐消费支出之比由 2013 年的 5.4 ∶ 1，降低到 2016 年的 5.0 ∶ 1。居民用于文化娱乐的人均消费支出为 800 元，比 2013 年增长 38.7%，年均增长 11.5%。5 年间，中国的就业率持续增长，城镇每年新增就业超过 1300 万人。住房保障和供应体系建设不断推进，城乡医疗保障制度不断完善，区域教育发展不平衡问题逐步得到解决。无论是城镇居民还是农村居民，无论是妇女还是儿童、老人，都在更平等地享受改革发展的红利。最近 5 年，中国的发展成果更多惠及全民，人民群众获得感显著增强。《联合国千年发展目标报告》显示，中国政府在减少贫困、防控疾病、提高识字率等方面成绩斐然，值得发展中国家从中获取有益经验。

四、法治建设日臻完善，为国际经贸往来提供了安全的制度环境

法治建设不仅是中国开放发展的需要，也是参与国际合作，服务规制竞争的需要。改革开放伊始，中国建构涉外立法主要有六个维度。一是制定《外贸法》，形成一套制度，对配额、许可、外贸企业等做出全面规定。二是制度建设，始于特区制度，制定几个特区条例，如深圳经济特区、海南特区、厦门特区等一整套的特区法律制度。三是与企业相关，分三类，中外合资、中外合作和外资企业。四是制定了《海关法》，并进行了修改。五是商检。六是外汇管理制度。中国改革开放形成了一整套法律制度，包括部分监管部门名称变更，体现了中国监管体系逐步完善，一整套国际经济合作法律和监管制度，极大促进了国家经济发展。2008 年 1 月 1 日《企业所得税法》施行，表明中国对内外资实行统一的企业所得税税率，对外资实行国民待遇。从制度建设路径和模式看，改革开放伊始采取双轨制。1982 年先有了经济合同法、1986 年制定了涉外经济合同法。劳动管理、外汇管理、税收管理等都是先试点试验，再立法跟进。

中国入世之后，推动商事法律领域逐步与国际接轨。大规模清理与 WTO 规则不符、特别是对贸易有直接影响的行政措施，数据显示：从 2000 年 7 月至 2002 年 12 月底，为与世贸组织规则接轨，全国人大常委会制定、修改有关法律 14 件；国务院废止行政法规 12 件，制定、修改有关行政法规 38 件；国务院有关部门制定、修改、废止部门规章和其他政策措施 1000 多件；废止地方性法规、地方政府规章 3370 件、修改 1126 件；决定停止执行省级政府及其部门和较大的市政府及其部门其他政策措施约 18.8 万件。此外，停止

执行有关国务院及国务院办公厅文件34份。这些工作向WTO倡导的良好规则实践迈出了重要一步。而今，即使是纯粹的国内管理事务、与贸易没有直接关系的行政立法，公开透明也成为一种普遍接受和认可的理念。入世以来，中国按照WTO规则要求做了大量工作。如，国内对贸易有重大影响的国内法规的通报和征求意见方面，实际上已经成为诸多主管部门不可或缺的参照，完善行政制度已经成为行为自觉。改革开放40周年之际，在总结WTO良好规则实践基础上，主动推进与国际经贸规则接轨，拉开规制协调中国实践大幕，11个自贸试验区从单兵突进，进入更加注重整体性、系统性、协同性的联动开放阶段，更加聚焦制度创新，成为推动陆海内外统筹，东西双向互济，构建全方位立体开放格局的战略支撑，为推进国家重大发展战略、重大政策协调、重大改革任务，集中攻坚，集成突破，为改善营商环境，适应经济全球化的新趋势和中国对外开放的新要求，进一步对接高标准国际经贸规则创造了条件。改革开放40年的制度探索，特别是2001年中国入世后，积极推动WTO良好规制实践，在商事法律领域逐步实现与国际接轨。

"一带一路"初步形成了亚非拉四个层次联动发展的机制（制度）化安排。在发展理念上，采取议题倡导机制，凝聚跨国家行为体合作共识，统一思想。宏观层面，对接各经济体发展战略和规划，一般是中央政府之间明确行动路线图，推动议题具体化；中观层面，采取对口合作，次国家行为体的省、区之间落实政策实施路径；微观层面，采取项目示范，节点城市的工业园区或经济技术开发区之间推动项目落地扎根。通过"议题倡导—战略（规划）对接—对口合作—项目示范"的合作机制体系，形成了符合合作方共同意愿的政策协调和机制安排框架，彰显了中国愿意分享改革开放实践中探索形成的治国理政经验。从改革开放初期建特区、入世后市场开放和自贸试验区压力测试，到"一带一路"探索规制合作的可行性，反应了国际经贸规则演变与各经济体法制建设和治理体系的互动关系。中国从学习、运用国际经贸规则，到参与制定国际经贸规则，逐步在商事法律领域与国际接轨，为国际经贸往来提供了安全的制度环境。

五、负责任大国形象日益丰满，为世界和平发展贡献中国方案

坚定支持和积极参与联合国维和行动。2018 年是联合国开展维和事业 70 周年，也是中国参与联合国维和行动 28 周年。中国坚定支持和积极参与联合国维和行动，是联合国安理会 5 个常任理事国中派出维和人员最多的国家，迄今累计派出维和军事人员 3.5 万余人次，先后参加 24 项联合国维和行动，被国际社会誉为维和行动的关键因素和关键力量。2015 年 9 月，中国提出建设 8000 人规模维和待命部队，为各国培训 2000 名维和人员，以及向非盟提供总额为 1 亿美元的无偿军事援助等。经过两年多努力，中国已于 2017 年完成 8000 人规模维和待命部队登记和注册，以及 1600 名维和人员培训。中国是联合国维和行动第二大资金贡献国。联合国教科文组织与中国在促进非洲教育进步、赋权女童和妇女以及保护世界遗产等多个领域进行了广泛而卓有成效的合作。除了在教育领域与联合国教科文组织广泛合作以外，中国于 1985 年正式加入联合国《保护世界文化和自然遗产公约》，多年来采取大量积极举措实施《公约》，为保护世界遗产作出了卓越贡献。中国重视跨文化交流，联合国教科文组织亚太地区世界遗产培训与研究中心设在中国。

坚定捍卫以规则为基础的多边贸易体制，推动更多发展中国家扩大开放，融入价值链合作进程。自由贸易为全球繁荣特别是发展中国家发展作出重要贡献。然而，全球化在带来经济增长、贸易增加、极端贫困减少、人均寿命延长、中等收入群体增多等正向溢出的同时，也带来了贫富不均、环境恶化、发展不可持续等问题。一些发达国家将本国治理失衡产生的问题归咎于全球化本身，对全球化和多边贸易规则逐渐失去热情，保护主义或孤立主义有所抬头，霸权主义、本国利益优先和规制壁垒在全球开始蔓延，可能冲击或中断微弱增长的世界经济。特朗普上台后，大兴美国优先，大行霸权，退出 TPP、伊核协议，重新主导谈判 NAFTA、美韩 FTA 等，给全球化和国际治理带来一股逆风。中国始终坚定支持贸易自由化，寻求普惠包容发展，已成为 120 多个国家和地区的最大贸易伙伴，与 24 个国家或地区签署 16 个自由贸易协定，积极推动多边贸易谈判进程。中美 BIT、中欧 BIT 谈判，均是全球意义的国际经贸谈判。中国发起建立的亚投行和金砖国家开发银行，以及人民币纳入 IMF 的 SDR 篮子，反映了中国积极参与国际货币金融规则重构的努力。中国积极支持东盟主导的 RCEP，积极推进亚太自贸区进程，在全球和区域经济治理上积极作为，成为国际经贸规则重构不可或缺的重要成员。

积极推动构建人类命运共同体。综观党的十八大以来，习近平主席先后 29 次出访，遍访世界 57 个国家，接待 110 多位外国元首访华，在国内会晤外国元首、政府首脑约 290 人次……从积极构建总体稳定、均衡发展的大国关系框架，到倾力打造周边命运共同体，再到实现同发展中国家整体合作机制全覆盖，中国编织起全球伙伴关系网络，不断巩固扩大朋友圈，走出一条"对话而不对抗、结伴而不结盟"的国与国交往新路，为建立持久和平的世界提供了中国方案和中国智慧。另一方面，从推动构建人类命运共同体来说，身处"一荣俱荣、一损俱损"的全球化时代，秉持互利共赢的发展之道，中国在为自身发展营造更好外部环境的同时，放眼全球、胸怀世界，不断寻求各国利益交汇的最大公约数，与各国共享发展繁荣。从"一带一路"倡议到自贸区建设，从金砖国家新开发银行到亚洲基础设施投资银行，中国为世界奏响互利共赢的交响曲。以亚洲基础设施投资银行为例，成立两年来，成员数由最初的 57 个增至 84 个，在亚非国家参与投资的 24 个基建项目让千千万万民众分享到全球发展红利。站在新起点，中国把为人类作出新的更大贡献作为奋进新时代的矢志追求。一个发展动力更足、人民获得感更强、同世界互动更深入的中国，必将在幸福自身的同时，为世界创造更多机遇，作出更大贡献。

第二节　中国对外开放总体特征

改革开放是中国的基本国策，也是推动中国社会经济发展的根本动力。对外开放推动了中国特色社会主义市场经济建设，使得中国经济更加有效地融入全球经济，大大提升了中国参与全球竞争合作的能力，促进了国民经济和社会持续健康稳定发展。

一、顺应民意和历史潮流

新中国成立的头 30 年，封闭和僵硬的计划经济体制，大大束缚了劳动生产率的提高，人均 GDP 长期难以突破 200 美元。国际经

验表明：开放带来进步，封闭必然落后。20 世纪 70 年代末，以美国、西欧和日本为代表的西方市场经济国家主导国际货币基金组织（IMF）、世界贸易组织（WTO）和世界银行，将经济全球化提升到一个新的水平；以苏联为代表的社会主义国家被发达经济体远远地拉到了后面，社会经济发展差距越来越大。同期，亚洲四小龙则通过主动承接发达国家产业转移，实施以出口导向为核心的对外开放战略，迅速实现了经济的起飞和发展。在这样的历史大背景下，中国的第二代领导集体审时度势，抓住了两次石油危机后全球化的机遇，把握住了和平与发展的世界潮流，积极向西方世界学习，打开国门搞建设，开启了改革开放大门。

二、改革和开放互动发展

改革和开放是中国特色社会主义建设和经济社会发展的两大动力，二者相辅相成，互动发展，就像一个硬币的两面，缺一不可。对外开放为中国的经济改革提供了可供参考借鉴的经验和大量鲜活的案例，对外开放也使得中国企业在国外市场竞争中发展壮大，对外开放更是推动中国市场体制不断完善的外部动力。可以说没有对外开放，中国的市场经济建设就可能走更多的弯路，不可能取得今天这样的成绩。另一方面，随着改革的不断深化，又为更宽领域和更大范围内的对外开放打开了空间。站在新的历史时期，我们更需要全面和高水平的对外开放，围绕供给侧结构性改革这条主线，来倒逼国内改革深水区的攻坚克难，更好地引领把握新常态。

三、由点到面有序推进

中国对外开放始终围绕社会主义经济制度建设，是一种有序和渐进式的开放，由点到面逐步推进。1979 年 7 月，中国在广东省的深圳、珠海、汕头和福建省的厦门试办出口特区，之后改称经济特区。1988 年 4 月，设立海南经济特区。1992 年，中国政府开始将特区模式移植到国家级新区，上海浦东新区设立并迅速发展成为中国大陆最重要的金融、贸易和航运中心。入世以来，中国服务业的对外开放也在由点到面逐步推进。2012 年起，中国开始进行跨境电子商务服务试点工作。2013 年 9 月，国务院批准设立上海自由贸易试验区。2015 年 4 月以来，天津、广东、福建等 10 个省市进行了自由贸易试验区的探索。2016 年开始，中国还在 15 个城市开展了服务贸易创新发展试点。2018 年 4 月，海南省开始进行自由贸易试验区建设，并探索自由贸易港政策。

四、由被动适应到主动参与

中国对外开放经历了由被动适应全球经济贸易投资金融规则，到主动参与全球和区域规则的转变。加入 WTO 前，中国参与全球经贸投资合作，主要是被动地适应全球经贸投资规则，通过贸易投资自由化来助力国内市场化改革。加入 WTO 后，中国开始主动参与全球经贸投资规则的制定，在继续扩大开放的同时，与东盟等十几个经济体开始自由贸易协定谈判，综合国力不断增强，成为制造业、出口和利用外资大国，在国际货币基金组织和世界银行的话语权和投票权明显提升。2008 年金融危机以来，中国不仅为全球经济稳定作出贡献，也成为拉动全球经济复苏的重要力量。2013 年，中国提出"一带一路"倡议，积极构建高水平自由贸易网络，推动区域全面经济伙伴关系（RCEP）和亚太自贸区（FTAAP）建设，成为全球和区域经济治理体系的建设和维护者。

五、由单向开放到双向开放

中国对外开放经历了由单向开放到双向开放的转变，这种转变使得中国能更好地利用国内国外两个市场和两种资源，从经济全球化中受益，也为世界经济的繁荣稳定作出贡献。改革开放后相当长的时间，为了服务国内经济建设，中国注重对国外先进技术、重大装备和关键零部件的进口，出口的主要目标是为了换汇，由于外汇短缺，严格控制消费品进口。利用外资既是为了引进国外先进设备和经营理念，也是为了弥补国内建设资金的不足。入世以来，出口的目标不再是为了换汇，而是为了使国内生产体系更好地融入全球产业链和价值链。同时，也在通过削减关税，有序扩大消费品进口，为全球经济发展提供市场。中国不仅在继续通过主动扩大开放来吸引外资，也在鼓励国内企业"走出去"投资经营，为东道国创造就业机会，支持当地经济发展。

六、由重点开放到全面开放

随着改革开放的不断深化，中国对外开放不仅由点到面有序推进，而且也由重点领域开放向全方位开放展开。推动形成全面开放新格局，发展更高层次的开放型经济，构建人类命运共同体已成为时代要求。相对于中国制造领域的对外开放水平，服务业的对外开放还有较大空间。制造业的对外开放帮助中国成为制造大国，服务业的对外开放也会帮助中国提高服务业的综合竞争能力。在市场准入负面清单试点试验基础上，中国经济全面开放的条件已经成熟。"一带一路"框架下的政策沟通、设施联通、贸易畅通、资金融通、民心相通和国际产能合作的不断深入将会有力促进中国经济的全面开放。

第三节　中国对外开放的阶段性特点

中国 40 年的改革开放大致经历了 4 个阶段，不同的阶段又呈现出不同的时代特点。

一、以十一届三中全会胜利召开为标志，对外开放开启了"破冰"之旅（1978—1991 年）

1978 年党的十一届三中全会拉开了中国改革开放的序幕，其后 13 年的改革开放并没有放弃计划经济体制。这一阶段主要特点是在计划经济体制大背景下进行对外开放的试点，重点是推动计划经济体制下的贸易管理制度改革，核心是为了出口创汇。同时，也在摸索市场经济规律，积累对外开放经验和信心，为全国范围内的市场化改革创造条件。

第一，通过深圳、珠海、汕头和厦门四个沿海城市的特区建设，制定特殊的政策法规体系，引入市场经济的做法，来吸引港澳台等外资投资，提高效率刺激生产，建立面向海外市场的出口加工基地，来换取外汇支持国内经济建设。1984 年 5 月，特区经验和做法被部分地复制推广到沿海 14 个城市；1988 年，进一步推广到沿海 140 个市县，之后设立海南经济特区；1990 年 4 月，浦东新区设立。

第二，通过在全国设立经济技术开放区和高新技术产业开发区，实行特殊的产业和税收政策，进一步加大招商引资力度，积极扩大出口规模。1984 年 9 月，国家在大连设立第一个经济技术开发

区，用以吸引日、韩等外资企业，取得了很好的效果，之后一批国家级和省级经济技术开发区如雨后春笋般在全国大中城市落地开花。1988 年 5 月，国家在中关村设立第一个高新技术产业区，用以吸引高新技术产业的转移，之后也出现了一批国家级和省级高新技术产业区。经济技术开放区和高新技术产业开发区的蓬勃发展有力地促进了中国产业结构的调整升级。

第三，1979 年，国家开始逐步推进外贸体制改革。主要措施包括：打破外贸垄断经营，设立地方和有关部委的外贸公司，赋予广东、福建两省更大外贸经营权限，引导外贸企业与工业企业对接合作，恢复进出口商品许可证制度等。这些改革调动了各方积极性，但并未解决外贸统负盈亏和政企不分问题。1988 年，中国对外贸体制进行了重大改革，外贸开始推行承包责任制，并对轻工、工艺、服装三个行业实行独立核算、自负盈亏。同时，外贸的宏观调控体系开始形成，国家逐步运用价格、汇率、利率、退税、出口信贷等经济手段调控外贸。1991 年，从建立自负盈亏机制入手，逐步对外贸取消财政补贴。经过这一阶段艰难探索，中国外贸体制开始逐步适应国际规范。

第四，随着经济特区、沿海沿边沿江开放城市以及经济技术开发区的设立，中国利用外资体制逐渐建立。在管理方面，1979 年《中外合资经营企业法》公布，初步确立了中国外商投资的管理体制，此时审批权基本集中于中央；1988 年 6 月国务院颁发了《关于授权省、自治区、直辖市、经济特区和计划单列市人民政府审批外资企业的通知》，明确了根据限额划分审批权限的模式，赋予地方政府一定权限。在税收方面，20 世纪 80 年代初，《中华人民共和国中外合资经营企业所得税法》《中华人民共和国外国企业所得税法》相继发布，1986年10月国务院发布了《关于鼓励外商投资的规定》，在工商税、企业所得税、投资品关税等方面给予外资企业税收优惠，这一时期中外合资、合作与独资企业的税率并不统一。在产业方面，1987年12月《指导外商投资方向暂行规定》发布，将外商投资项目分为鼓励、允许、限制、禁止四类，初步形成了利用外资的产业引导政策。

第五，改革开放初期，对外援助是中国对外经济合作的主要模式。1980年3月，全国外经工作会议提出了新形势下对外经济合作的工作方针，即：坚持援外八项原则，认真做好援外工作，广泛开展国际经济技术合作，有进有出、平等互利，为促进友好国家的经济发展，加速中国四个现代化建设作出应有贡献。1982年3月，原国家进出口管理委员会、对外贸易部、对外经济联络部和外国投资管理委员会合并，设立对外经济贸易部，作为中国对外经济技术合作的归口管理部门。1983年，中国提出了"平等互利、讲求实效、形式多样、共同发展"的原则，指导对外经济合作。20世纪80年代，中国对外直接投资开始起步，中信集团、中国银行在能源、金融等领域进行了有益实践。在对外工程承包方面，中国逐步放开了经营管理权，截至1989年具有经营权的公司增加到88家，而在1978年只有4家。

第六，开始探索海关特殊监管区政策，为之后的国际贸易发展铺路。1990年6月，外高桥保税区在浦东新区设立，这是中国境内的第一个海关特殊监管区。保税区的设立使得货物可以在保税区与境外自由出入，免征关税和进口环节税，免验许可证件，免予常规的海关监管手续，极大地改善了贸易便利化水平，增强了对保税区对外资的吸引能力，将中国对外开放提升到一个新的高度。经过28

年的努力，外高桥保税区已经发展成为上海自由贸易试验区的核心板块。

第七，计划经济时期僵化的人民币汇率制度和人民币汇率高估，对扩大出口创汇形成严重制约。为扭转这一状况，国家自1981年7月逐步下调人民币对美元汇率，同时实行人民币官方汇率以钉住美元为主的汇率制，而贸易内部结算价格则根据当时的出口换汇成本确定，形成了汇率双轨制。这种制度发挥了一定积极作用，但并未完全解决人民币汇率高估问题，还提高了外汇管理的复杂性，更多是一种过渡性的汇率安排。1985年1月，中国取消贸易内部结算价，把官方汇率应用于贸易结算和非贸易外汇兑换。外贸体制改革深入开展促进了出口规模扩大，出口企业外汇留成后外汇规模扩大，导致调剂外汇的交易量越来越大。1988年3月，各地普遍设立外汇调剂中心，放开调剂市场汇率。在1994年之前，虽然名义上恢复了单一的汇率制度，但在具体的实践中，实际上则形成了官方汇率与外汇调剂价格并存的双轨汇率。

二、以邓小平同志南方谈话和党的十四大胜利召开为标志，对外开放由点及面、全面系统推进（1992—2000年）

党的十四大提出了正确认识和处理计划与市场的关系，十四届三中全会进一步明确要建立社会主义市场经济体制，中国的对外开放进入了市场化改革阶段。这一阶段的主要特点是构建与社会主义市场经济体制相适应的对外开放政策体系，重点是制造业领域的对外开放，核心是利用外资和扩大出口，为加入世界贸易组织，更好地参与全球竞争合作创造条件。期间，中国成功地应对了1997年亚洲金融危机的冲击，为亚洲金融市场稳定和亚洲经济发展作出了贡献。

第一，对外贸易体制改革持续深化。1994年1月，国务院决定进一步深化对外贸易体制改革，将统一政策、开放经营、平等竞争、自负盈亏、工贸结合、推行代理制，建立适应国际经济通行规则的运行机制，作为中国对外贸易体制改革的目标。改革重点一是制定对外贸易相关法规政策体系，1994年国家颁布了对外贸易法，之后逐步取消了进出口指令性计划，对部分出口商品配额实行公开招标。二是完善出口退税政策，运用出口信贷、出口信用保险等国际通行手段支持外经贸发展，成立进出口银行为对外进出口贸易提供信贷支持。三是主动降低进口关税，扩大进口产品范围；1996年4月，中国对4000多种商品进口关税进行大幅度削减，关税总水平降至23%。四是转换外贸企业经营机制，进行股份制试点，1998年国家给予企业自营进出口经营权。五是扩大强化进出口商会的协调服务职能，完善外贸经营协调服务机制。这一时期，根据国内外形势的变化，先后提出了"以质取胜"战略、"市场多元化"战略、"大经贸"战略、"科技兴贸"战略，中国对外贸易实现了第二次飞跃。

第二，实行更加积极的利用外资政策。1992年邓小平同志视察南方并发表重要谈话，明确了大胆利用外资是一项全新的事业，迎来了利用外资的一次高潮。1992年新批合同外资金额超过前13年的总和，1993年实际利用外资比1992年增长1.5倍。此后，中央确定了积极合理有效利用外资的方针，在扩大规模的同时，拓宽利用外资领域，采取更加灵活的方式，引导外资投向基础设施、工业、农业和部分服务业，中国吸收外资进入了高速发展的新时期。1997年召开了全国利用外资工作会议，提出了进一步扩大对外开放，提高利用外资水平的指导思想。从1996年到2000年，中国实际吸收

外资保持在年均 400 亿美元以上的规模。

第三，改革对外援助和合作模式。20 世纪 90 年代初，援外工作重点是帮助受援国发展当地有需要又有资源的中小型项目，并与发展多双边互利合作的经贸关系相结合，促进受援国和中国经济共同发展。1995 年开始对援外工作进行全面改革。一方面推行优惠贷款，由中国政府向受援国提供具有援助性质的贷款，国家用援外经费贴息，以扩大对外援助的规模，提高援外资金的使用效益，推动双方企业的投资合作。另一方面推动援外项目合资合作，以利于政府援外资金与企业资金相结合，扩大资金来源和项目规模，巩固项目成果，提高援助效益。

第四，实施人民币汇率并轨。双轨制促进了出口创汇，但随着对外开放步伐加快，由此形成的市场秩序混乱、资源配置扭曲等问题日益凸显。1994 年，中国开始实行以市场供求为基础的、单一的、有管理的浮动汇率制，人民币单一钉住美元，取消各类外汇留成，企业和个人按规定向银行买卖外汇，银行进入银行间外汇市场进行交易形成市场汇率，中国人民银行设定一定的汇率浮动范围，并通过调控市场保持人民币汇率稳定。国际金融危机爆发后，为避免汇率剧烈波动冲击国内经济，中国收窄了汇率波动区间。

三、以加入 WTO 为标志，社会主义市场经济体制下的全面开放加速推进（2001—2011 年）

加入世界贸易组织使得社会主义市场经济走向成熟，为中国经济更加有效地参与全球竞争合作打开了新的空间，中国的对外开放进入新的时期。这一阶段的主要特点是中国的市场经济体制开始全面与国际规则接轨，重点是外经贸制度的全面调整和服务业的对外开放，核心是提高利用外资质量，转变外贸发展方式，积极推行"走出去"战略，为中国经济健康稳定发展和跨越中等收入陷阱打好基础。期间，中国成功应对了2008年金融危机的冲击，为全球经济稳定和复苏作出了贡献。

第一，强化涉外经济法制化建设。在非歧视原则、自由贸易原则和公平竞争原则下，中国集中清理了2300多部中央级的法律法规和部门规章、19万个地方的规章制度。对其中不符合世贸组织规则和中国入世承诺的，分别予以废止或修订。新修订的法律法规减少和规范了行政许可程序，建立健全了贸易促进、贸易救济、利用外资等涉外经济法律体系。通过大规模的清理和修订，中国涉外经济体制与WTO规则基本一致。

第二，优化发展对外贸易。2004年新修订的《中华人民共和国对外贸易法》颁布实施，对企业外贸经营权由审批制改为备案登记制，所有对外贸易经营者均可以依法从事对外贸易。在加入世贸组织过渡期，进口商品关税总水平从2001年的15.3%逐步降低到2005年的9.9%。中国不断削减非关税措施，取消了424个税号产品的进口配额、进口许可证和特定招标，分批取消了800多个税务商品的管理。外贸调控体系向多元、间接调控方向发展，实行中央地方共同分担、以中央为主的退税机制，设立中国出口信用保险公司，积极发展贸易融资与出口信贷。实施特殊区域加工贸易管理制度和鼓励加工贸易梯度转移的政策制度，进一步完善了保证金台账、企业分类、产品目录、联网监管等管理制度。

第三，提高利用外资质量。以适应WTO规则为目标，取消了外资企业自行解决外汇平衡、产品必须全部出口或者大部分出口、实施生产计划备案等要求，允许外资企业在国内外市场上购买所需

的原材料、燃料等物资。对《外商投资产业指导目录》进行多次修订，放开银行、商业、外贸、旅游、运输、会计、审计等服务贸易领域，对一些传统制造业不再鼓励外商投资，并开始严格限制外商投资"两高一资"项目。2008年，取消给予外商投资企业低于国内企业税率的所得税优惠，实现"两税合一"。出台《中西部地区外商投资优势产业目录》，大力引导外资向中西部地区转移和增加投资，增加劳动密集型项目条目，鼓励外商在中西部地区发展符合环保要求的劳动密集型产业。

第四，积极扩大对外投资。2004年国家发展改革委公布《境外投资项目核准暂行管理办法》，2009年商务部公布《境外投资管理办法》、国家外汇管理局发布《境内机构境外直接投资外汇管理规定》，2011年中国人民银行发布《境外直接投资人民币结算试点管理办法》、国家发展改革委发布《做好境外投资项目下放核准权限工作的通知》，基本上形成了关于境外投资用汇、核准等在内的管理体系。2004年国家发展改革委发布《关于对国家鼓励的境外投资重点项目给予信贷支持政策的通知》，2005年国家外汇管理局发布《关于调整境内银行为境外投资企业提供融资性对外担保管理方式的通知》，2007年各部委联合发布《关于鼓励支持和引导非公有制企业对外投资合作的若干意见》，基本上形成了关于境外投资融资、税收等方面的促进体系。

第五，实施自由贸易战略。入世后随着中国经济与世界经济的全面接轨，中国开始与部分经济体进行自由贸易协定的谈判，对外开放水平开始超越 WTO 要求。中国与东盟自由贸易协定签署，使东盟成为中国的第三大贸易伙伴。2002年中国与东盟签署全面经济合作框架协议，正式启动自贸协议谈判。2004年中国—东盟早期收获计划开始实施，2005 年 7 月货物贸易协议降税计划开始实施，2009 年 8 月中国—东盟自由贸易区投资协议签署，2010 年 1 月中国—东盟自由贸易区正式建立。

第六，继续推进人民币汇率形成机制改革。进入 21 世纪以来，中国外贸顺差快速积累，在国际上面临较大的人民币汇率低估和贸易不平衡压力，在国内由于外汇占款激增导致通胀压力加大。在此背景下，2005 年 7 月 21 日，中国开始实行以市场供求为基础、参考一篮子货币进行调节、有管理的浮动汇率制度；人民币汇率不再钉住单一美元，形成更富有弹性的人民币汇率机制。由此，人民币汇率开始了 10 年的升值历程。

在此阶段，综合国力和国际影响力迅速上升，国际合作呈现新的亮点。2002—2010 年中国经济总量从第 5 位上升到第 2 位，2001 年中国人均 GDP 超过 1000 美元，2008 年超过 3000 美元，2012 年超过 6000 美元。2000 年 10 月中非合作论坛在北京举办首次部长级会议，开启了中非全面合作的新模式。2006 年中国设立中非发展基金，用以支持非洲基础设施建设和经济发展，受到非洲国家的欢迎，中非关系进入一个全新的时代。2001 年 6 月上海合作组织成立，并逐渐由反恐和安全合作逐步发展成为经贸投资、基础设施、能源环境、金融货币、文化教育等区域性国际合作和发展组织。

四、以党的十八大胜利召开和"一带一路"倡议提出为标志，开放型经济新体制加快形成（2012 年至今）

随着全球经济的稳步复苏，中国经济进入新常态，党的十八届三中全会提出了新的改革开放重大举措，供给侧结构性改革成为改革开放的主线，中国成为倡导和维护新型全球化的重要力量，对外

开放进入新时代。这一阶段的主要特点是加快构建开放型经济新体制，发展更高层次的开放型经济。重点是形成开放发展新理念，推动形成全面开放新格局，构建人类命运共同体。核心是围绕"一带一路"和自由贸易试验区（自由贸易港）建设积极参与全球经济治理，为实现两个百年目标进一步拓展发展空间。

第一，形成开放发展新理念。中国经济发展进入新常态，表现出速度变化、结构优化、动力转换三大特点，必须用高水平开放推动高质量发展，以开放促改革、促发展、促创新，与世界各国互利共赢、共享发展成果。一是坚持引进来和走出去相结合，拓展国民经济和社会发展外部空间。二是坚持沿海开放和沿边开放相结合，优化区域开放布局。三是坚持制造领域开放和服务领域开放相结合，以高水平开放促进经济结构调整升级。四是坚持向发达国家开放和向发展中国家开放相结合，扩大同各国的利益交汇点。五是坚持多边开放和区域开放相结合，推动经济全球化和区域经济一体化。

第二，"一带一路"建设成为扩大对外开放和拓展国际合作空间的重大战略举措。近五年，"一带一路"建设逐渐从理念转化为行动，从倡议转变为现实，在政策沟通、设施联通、贸易畅通、资金融通、民心相通以及国际产能合作方面取得一定成效。一是加强了同沿线国家和地区发展战略对接，增进了战略互信。二是以"六廊六路多国多港"为主体框架，大力推进互联互通、产业和金融合作。三是提高贸易投资自由化便利化水平，全面加强海关、检验检疫、运输物流、电子商务等领域合作。四是建立了多层次人文合作机制，推动教育、科技、文化、体育、卫生、青年、媒体、智库等领域合作，夯实民意基础。

第三，积极推进自由贸易试验区建设，引入"负面清单"管理制度，不断改善营商环境。近五年，自由贸易试验区已经由上海 1 家发展到东中西和东北 12 家，海南省成为最大的自由贸易试验区，开始探索自由贸易港政策。自贸试验区外商投资负面清单已由 2013 年的 190 项减少至 2017 年的 95 项，总量减少了 50%，减少最多的是制造业，从 63 项减少至 14 项。自贸试验区取得的一批经验和做法已在各地推广复制。上海、天津、广东、福建 4 个自贸试验区正在着手制定自贸试验区深化改革开放方案。2018 年 4 月，国家决定在海南全岛建设中国（海南）自由贸易试验区，这将是中国人口最多、面积最大的自由贸易试验区，同时决定在海南探索建设中国特色自由贸易港，这将成为构建开放型经济新体制的重要引领。

第四，深化国际经贸投资合作。在外贸方面，国际金融危机影响深远，中国外贸增长由两位数回落至个位数，甚至出现负增长，国家在加快出口退税进度、培育外贸竞争新优势、加大金融支持、提供贸易便利化水平、改善贸易环境等多方面出台政策措施稳定外贸增长；同时，更加注重外贸平衡发展，采取了降低关税水平和举办中国进口商品博览会等诸多举措。在利用外资方面，随着国内外环境变化，中国面临较大的外汇储备下滑、资本外流和投资环境改善压力，为促进利用外资稳定增长，《国务院关于扩大对外开放积极利用外资若干措施的通知》《国务院关于促进外资增长若干措施的通知》等相继发布，在全面实施准入前国民待遇加负面清单管理制度、进一步扩大市场准入对外开放范围、强化财税支持等方面进行了部署安排。在对外投资方面，入世以来中国走出去取得可喜进展，但层次低、结构不合理、保障协调机制不健全等问题凸显。为此，国家发展改革委、商务部、人民银行、外交部发布《关于进一步引导和规范境外投资方向的指导意见》，科学界定了鼓励、限制、禁止

类对外投资范围，在完善管理、提升服务、强化安全等方面进行了部署安排。在自贸区建设方面，中国已签署了 14 个自贸协定，涉及 22 个国家和地区，自贸伙伴遍及亚洲、拉美、大洋洲、欧洲等地区，与此同时自贸区标准不断提升，电子商务、环境、竞争政策等新议题相继进入自贸协定内容。在对外援助方面，为加强战略谋划、统筹协调和统一管理，助力"一带一路"建设，国际发展合作署组建，标志着中国对外援助进入了一个发展新阶段。

第五，2015 年 8 月，人民币汇率形成机制再次进行重大调整。经过不断优化形成了"前一交易日收盘汇率＋一篮子货币汇率变化＋逆周期因子"的定价机制，人民币汇率双向波动特征日益明显。中国大力推进金融业双向开放，有序实现人民币资本项目可兑换，人民币成功加入特别提款权（SDR），人民币国际化取得可喜进展。

第四节　中国对外开放 40 年进程中的挑战、风险与应对

任何一个国家在融入经济全球化、获取开放和发展红利的同时，所面临外部风险和挑战也会大幅度上升，若未能有效应对，经济发展将会受到严重的负面影响。从历史经验看，巴西、阿根廷、马来西亚、韩国等经济体在融入全球化的过程中，均曾因外部风险导致经济受到严重冲击，部分国家甚至一度陷入金融危机和经济危机。如巴西、阿根廷由于在利用外资时未能妥善处理好外资和本国产业发展的关系，导致绝大多数支柱产业基本被跨国公司控制，本土产

业发展缓慢；马来西亚由于未能把握好实体经济开放和金融市场开放之间的关系，在 1998 年亚洲金融风暴中受到严重冲击，汇率大幅下跌，经济一度呈现负增长。

改革开放初期，中国经济体量较小，发展水平很低，实施对外开放战略面临较大风险和挑战。据 IMF 统计，1980 年中国人均 GDP 仅为 309.4 美元，仅为当年美国人均 GDP 的 2.5% 和日本人均 GDP 的 3.3%。在实践中，中国政府基于实际国情，充分吸取了其他经济体实施对外开放战略的经验和教训，通过灵活有效的政策设计，有效应对了对外开放对中国宏观经济、产业安全、能源资源安全、区域协调发展和环境保护等领域带来的风险和挑战，保证了对外开放在弥补高端生产要素缺口、促进体制机制改革、推动中国融入全球价值链等领域的积极作用得以充分发挥，为中国成长为全球第二大经济体作出了巨大的贡献。

一、通过动态适时调整宏观政策，有效地防范了对外开放所产生的宏观经济金融风险

对外开放意味着一国由封闭经济体系向开放经济体系的转型，在这一过程中宏观经济金融体系面临的外部风险将大幅度上升。若一国经济对外需依赖过大，一旦外需下降，将会严重影响其经济增长、出口和就业。若一国资本市场开放过于迅速，国内金融体系则很容易受到国际游资的冲击，导致大量短期资本外流、汇率迅速贬值，严重时甚至爆发金融危机和经济危机等。

在过去 40 年的对外开放过程中，中国的宏观经济金融体系也曾多次受到外部的冲击。如加入 WTO 之后，随着中国迅速融入全球价值链，大型跨国公司纷纷将劳动密集型的最终产品加工组装环节向

中国转移，中国贸易顺差一度高速增长，2006 年、2007 年净出口对中国实际 GDP 的拉动作用分别高达 1.9 和 1.5 个百分点。由于贸易顺差过大，外汇占款成为基础货币增加的重要渠道，对央行货币政策的传导机制和实施效力产生了一定的干扰，也在一定程度上助推了资产泡沫的形成。而当 2008 年国际金融危机爆发后，欧美发达国家对中国出口商品的需求迅速下降，中国经济增速一度出现迅速下滑，2009 年 1 季度中国实际 GDP 增速降至 6.1%，较 2008 年同期下降 4.5 个百分点。

再如，在 2014 年 10 月美国退出宽松货币政策之后，受美元升值的外溢效应影响，中国一度出现了大量短期资本外流的现象，外汇储备规模一度由 2014 年年底的 38430.18 亿美元降至 2016 年年底的 30105.17 亿美元。

有效应对开放带来的宏观经济金融风险是建立成熟完善的开放型经济体系的应有之义。改革开放 40 年来，中国整体上采取了如下的应对策略：一是坚持内外需并重的发展方针，避免经济发展对国际市场的过度依赖。即便在加入 WTO 之后中国出口高速增长的时期，也坚持实施内外需并重的发展战略，在 2008 年国际金融危机之后更加强调内需在经济发展中的基础性作用。2017 年，中国对外贸易额占 GDP 的比重已经由 2006 年 63.4% 的历史峰值降至 34.2%。二是坚持稳健审慎地推进金融开放。在金融开放领域，中国政府坚持开放金融业的市场准入先于资本账户开放的原则，并在金融业开放领域也坚持循序渐进的原则，在加入 WTO 初期对外资金融机构的业务范围仍实施一定限制，既有效保护国内金融体系免于遭受过多外部冲击，也推动国内金融机构和外资金融机构进行良性的竞争与合作，提升自身的核心竞争力。当前，中国金融业的发展水平已经大幅提高，相关规则也基本与国际接轨，金融业开放的步伐也大大加快，将很快实现内外资企业的国民待遇。而在资本账户开放方面，中国坚持按照长期资本流动先于短期资本流动，资本流入先于资本流出，机构投资者先于个人投资者，一级市场先于二级市场，直接投资先于证券投资，债券类投资先于股权类和衍生品类的原则，稳健推进资本账户有序开放，有效地防范了历次国际金融危机对本国金融市场的冲击。三是在外部冲击剧烈时迅速及时应对。如在短期资本外流导致外汇储备大规模下降的背景下，中国迅速对短期的投机性资本流动进行了严格管控，有效地引导了市场预期，稳定了外汇市场。

二、政府高度重视对外开放可能产生的产业安全风险，并走出了一条以我为主渐进扩大开放促进产业升级的成功道路

从经济学理论看，对外开放对本土产业的发展有着正反两方面的影响。从正面影响看，对外开放使得本土产业可以和在全世界的竞争合作中不断实现竞争、激励、对比、择优，从而推动产业升级和技术进步。而对于发展中国家而言，通过对外开放能够迅速引进先进技术、管理经验、人才等高素质生产要素，从而实现产业发展的"弯道超车"。从负面影响看，基于各种生产要素自由流动的全球化进程势必会让各参与方基于静态比较优势参与国际分工。相对发展水平较低的经济体的比较优势往往集中于资源、土地、劳动力等低端生产要素，若开放政策实施不当，在基于比较优势的国际分工中很有可能被固化在低附加值的劳动密集型或资源密集型环节，而难以实现向全球价值链中高附加值环节的跃升。同时，由于缺乏竞争优势，这些经济体的技术密集型和资本密集型产业很可能难以实

现跨越式发展，相关国内市场甚至可能被发达国家的跨国公司垄断或部分垄断。

从改革开放40年的历史看，对外开放对本土产业发展的风险和挑战是一直存在的。早在20世纪90年代，中国在实施积极利用外资这一重要对外开放战略时，外资企业往往倾向于以和中方企业合资或并购的方式进入中国市场。如在汽车行业，以奔驰、通用、丰田为代表的大型跨国公司主要通过和中国企业合资的方式进入中国市场，而卡特彼勒、摩根斯坦利、宝洁、联合利华等欧美大型跨国公司出于拓展市场和企业经营战略的目的，也曾对徐工、熊猫洗衣粉、南孚电池等本土企业开展并购活动。跨国公司的并购活动整体上是符合市场经济理念的，在商业利益上大多数也实现了"双赢"。但也要看到，由于这些跨国公司的研发能力和核心竞争力明显强于中国本土企业，因此这种并购活动在相当程度上也影响了本土企业开展自主创新活动，对中国的产业安全客观存在一定的负面影响。至今，中国轿车、日化等行业本土企业的研发水平仍然明显落后于发达经济体，特别是在合资企业中研发环节仍然主要被外方所控制。再如，中国加入WTO《信息技术协定》，推动信息技术产品贸易自由化对中国尽快融入全球IT产品价值链，成长为全球重要的信息技术产业大国发挥了巨大的积极作用，但客观上也导致中国很难进入比较劣势较为明显的芯片制造等尖端环节，核心环节受制于人的现象至今仍较严重。

面对上述风险和挑战，中国整体上采取了以我为主、渐进开放的灵活应对策略。首先，中国没有"因噎废食"，坚持了对外开放的大方向。作为一个发展水平相对落后的国家，中国只有通过引进先进技术，尽快参与全球分工和合作，才有可能实现后发优势。虽然对外开放肯定会在一段时期内减少本土企业的市场份额，但如果采取封闭发展战略，放弃自身的比较优势，也不引进优质的资金、技术和管理经验，本土企业的竞争力上升将十分缓慢，最终仍然无法维护产业安全。因此，虽然不同时期学术界、业界都有以产业安全为由反对开放的声音，但中国政府始终坚持了对外开放的大方向，没有出现一些拉美国家曾经有过的"政策摇摆"，为产业发展提供了稳定的外部环境。其次，中国基于自身的发展阶段，采取了动态渐进的开放策略。如在20世纪90年代，中国基于自身的发展阶段，主要采取了以产业、技术引进和地区发展为导向的差别性外资优惠政策。在1995年，中国出台了《指导外商投资方向暂行规定》，1997年进一步升级为《外商投资产业指导目录》，将外资分为鼓励、允许、限制、禁止四大类。之后的20年来，该文件立足于中国的经济发展水平进行了多次修订，在引导外资产业投向和维护产业安全方面发挥了重要作用。随着中国特色社会主义进入新时代，中国的对外开放水平大幅度上升，将全面实施负面清单加准入前国民待遇制度，并全面放开制造业，加快推进金融、保险、文化等服务业领域开放。再次，中国逐步建立了和国际通行规则接轨的经济安全维护体制。如中国于2008年全面实施了《反垄断法》，立足维护市场公平竞争的原则，有效防范了内外资企业依靠自身优势垄断市场获取高额利润的行为；2011年，中国又参考国际经验，对外资企业并购国内企业建立了安全审查制度，有效地维护了国家安全。最后，中国充分发挥了对外开放对本土企业发展的积极效应，在和大型跨国公司的竞争合作中培育出华为、三一重工、比亚迪等一批创新能力很强的本土企业，在根本上有效地维护了中国的产业安全。

三、政府立足满足国内合理需求的原则，在积极扩大能源资源和农产品等进口的同时有效维护了能源资源安全和粮食安全

在开放型经济体系下，由于人均占有量相对贫乏、国内需求量过大等原因，中国能源、资源和农产品等的国内供应量不能满足经济发展的需要，对外依存度不断上升。2017年原油、铁矿石、铜精矿、大豆的对外依存度分别高达68.4%、89%、77.6%和87%。对外依存度的上升必然会对中国的能源资源安全和粮食安全带来较大风险。一是政治风险。一旦主要供应方由于政治、军事等原因减少甚至中止对中国能源资源供应，中国重要能源资源可能出现严重短缺，甚至影响经济的正常运转。二是运输通道风险。中国能源资源主要依赖海上运输进口，一旦霍尔木兹海峡、马六甲海峡等关键通道周边安全局势恶化，有可能导致中国关键能源资源供应短缺。三是价格波动风险。当前全球大宗商品定价的金融属性日益明显，一些突发事件往往大幅度推高大宗商品价格，从而增加中国企业的进口成本，影响企业正常生产运营。

受制于国内土地、能源、矿产资源的自然禀赋，中国能源和农产品必然有相当一部分要依赖进口。为此，中国政府采取了一系列灵活的应对策略。一是积极推进供应多元化战略。目前，在原油、大豆等领域，中国的供应多元化战略已经初见成效，2018年1—4月，占中国原油进口额超过5%的国家有8个，分别位于非洲、美洲、亚洲和欧洲，其中俄罗斯占比最高，也仅为14.5%。而在大豆方面，中国也成功实现了主要依赖从美国进口转向从美国、巴西和阿根廷进口，2017年从巴西进口的大豆占比已达53.3%，明显高于美国的 34.4%。二是建设新的供应通道。为有效规避运输通道风险，中国和巴基斯坦、缅甸等国合作，在"一带一路"合作框架下建设了中俄、中缅、中巴等油气供应管道，初步实现了原油供应通道的多元化。三是积极争取定价权。中国一方面积极推出人民币原油期货等新型期货品种，积极推动期货价格指数与现货价格在国际定价中的权重，另一方面积极探索建立骨干企业牵头的联合进口谈判协调机制，争取实现铁矿石等重要产品的长期稳定价格供应。四是积极参与海外资源开发。中国企业积极推进海外能源资源开发，通过获取海外权益油、权益矿稳定能源资源供应，有效维护能源资源安全。

四、政府实施了一系列区域开放发展战略，有力地缓解了对外开放所产生的区域发展不平衡问题

受海洋运输作为国际贸易主要运输方式的影响，全球的开放型经济活动都主要集中在沿海湾区，比如纽约湾区、旧金山湾区、东京湾区、粤港澳大湾区等，而内陆区位对开放的制约是一个世界性难题。这主要体现在：一是长距离货物运输导致物流成本高企。比如，调研发现湖南物流公司报价往往比深圳物流公司高 30% 左右。内陆在发展货物贸易方面较沿海存在天然劣势。二是区位劣势导致开放观念和营商环境相对落后。比如，粤港澳大湾区研究院最新报告显示，国内营商环境排名前十位的城市中，内陆地区只有重庆和武汉，其他都是沿海城市。由于内陆特别是西部地区在发展开放型经济方面相较沿海地区处于明显劣势，加之中国改革开放初期采取了相对不平衡的开放战略，将对外开放的重点放在东部地区，导致东部地区的开放型经济水平整体上明显高于中西部地区。2017 年，

东部十一省市对外贸易额占全国贸易额比重仍高达 85.3%。

　　长期以来，中国充分认识到内陆特别是西部地区对外开放客观必然存在"短板"，一直将推动区域协调开放发展作为重要的国家战略。2000 年开始实施的西部大开发战略、2004 年开始实施的中部崛起战略均将积极扩大对内对外开放作为促进中西部地区经济发展的重要措施。中国进入中国特色社会主义新时代以来，以习近平同志为核心的党中央将协调发展作为五大发展理念的重要一环，积极推进实施的"一带一路"倡议对于扩大内陆特别是西部沿边地区开放具有重要意义，并在党的十九大报告中进一步强调要优化区域开放布局，加大西部开放力度。整体上看，中国支持内陆地区开放发展主要有以下几方面的经验：一是尊重经济客观规律，注重改善内陆地区开放的基础条件。内陆特别是西部地区营商环境差、区位劣势明显是客观事实，中国在过去 40 年间推进内陆地区开放发展的首要重点在于改善内陆地区的基础设施互联互通状况。从实际效果看，郑州、西安、成都、重庆等内陆核心城市在对外互联互通状况有效改善之后开放型经济发展水平均明显提高，"蓉新欧""渝新欧"等中欧班列已经成为中欧贸易合作的重要载体，成都发展以芯片等高附加值小体积产品为代表的空中贸易成效显著。二是强调内陆地区和东部沿海地区的合作。内陆地区直接和发达经济体发展经贸合作受到较大制约，而借东部地区的"桥"承接优质产业和生产要素转移的难度要小的多。改革开放以来，泛长三角、泛珠三角等区域合作机制以及在中西部地区建设加工贸易承接转移示范地等措施对于内陆地区开放水平的提升发挥了重要作用。三是对内陆特别是西部地区实施一定的倾斜性政策。如中国政府出台了《西部地区鼓励类产业目录》和《中西部地区外商投资优势产业指导目录》，有力地促进了优质企业向中西部地区转移。整体上看，虽然目前中西部地区的对外开放水平仍然明显落后于东部地区，但已经拥有了成都、重庆等对外开放的相对"高地"，云南、广西等省区的沿边开放发展也十分迅速。随着未来中西部地区基础实施状况的持续改善、开放载体的不断优化发展以及经济发展水平的提高，中西部地区的对外开放水平将呈现迅速上升态势。

五、政府注重环保政策和对外开放的协调配合，有效防范了对外开放所产生的环境风险

由于环境保护具有非常强的外部性，企业完全基于追求利润最大化的目的而加强环境保护的动力是相对不足的，需要在有效的外部监管约束下才能实现良好的环境保护。由于经济发展水平较低的原因，过去40年来中国的环境保护标准以及执法能力都客观上要弱于发达经济体，各个地区重发展、轻保护的现象时有发生。因此，中国部分企业为抢占国际市场份额，常常以高能耗、高污染为代价生产出口商品，发达经济体的跨国公司出于利润最优化的原则，也倾向于将一些附加值较低、污染较为严重的环节向中国转移，大幅度加大了中国所面临的环境保护压力。特别是在改革开放初期，大量从事印染、皮革、造纸等高污染行业的中小型外资企业一度对部分地区的环境造成了严重的破坏。

为有效保护环境，中国在实施对外开放政策时，非常注重和环保政策的协调配合。首先，在贸易领域，早在20世纪90年代末，中国政府就出台了《加工贸易限制类商品目录》和《加工贸易禁止类商品目录》，其中相当一部分禁止加工贸易生产的商品均是出于保护资源和环境考虑。在2005年，中国政府又在"十一五"规划纲要中明

确提出严格限制高耗能、高污染和资源性产品[1]出口，并采取了对这类商品征收出口关税、降低出口退税率等措施。其次，在利用外资领域，中国多次对《外商直接投资产业指导目录》进行了调整，将大量的"两高一资"行业列入限制类甚至禁止类。同时，在环境影响评价等重点领域坚持内外资一致的国民待遇原则，对外资企业的行为进行严格监管。再次，在国际环保合作领域，中国一方面重点发展 LED 灯具、风电叶片、太阳能电池等重点节能产品出口，并将关键节能环保设备纳入免除关税和进口环节增值税的重大技术装备目录，同时将节能环保相关行业在《外商投资产业指导目录》中列入鼓励类，有效鼓励节能环保产业的发展。中国政府还积极参与清洁发展机制（CDM）等国际环境合作项目，积极和发达经济体在环境保护领域开展技术合作。最后，中国政府积极参与全球环境治理进程，切实履行国际环境公约，并着力建设绿色"一带一路"，发起建立中国—东盟环境保护合作中心、澜沧江—湄公河环境合作中心等国际环保合作机制，为全球环保事业作出了重大贡献。联合国环境规划署 2016 年发布的《绿水青山就是金山银山：中国生态文明战略与行动》报告指出，中国是全球可持续发展理念和行动的坚定支持者和积极实践者，中国的生态文明建设将为全球可持续发展和 2030 年可持续发展议程作出重要贡献。

第五节　中国对外开放取得成功的主要经验

40 年来，中国对外开放取得巨大成功，开放促发展促改革促转

---

① 俗称"两高一资"产品。

型的效应十分明显。从二战后世界经济发展史看，这个成就十分不易。过去 50 年，在西方主导的国际政治经济秩序下，只有日本、亚洲"四小龙"等 13 个经济体对外开放取得成功，通过开放发展跨越了中等收入陷阱。这些经济体实行的都是资本主义制度，多数经济基础本来就不错，发展过程中又得到西方的支持和援助。而中国是共产党领导下的社会主义国家，是拥有 13 亿多人口的大国，发展起点较低，又经常面临来自西方的疑虑、刁难甚至阻遏。考虑到这些情形，中国对外开放的成功是稀有难得的，经验弥足珍贵。

总结起来，中国对外开放的成功得益于四大保障——战略保障、制度保障、方法保障和天时保障，是"道、势、术、时"有效辐辏与相互支撑的结果，四者缺一不可。其中，"道""势"和"术"是可以发挥主观能动性积极作为的领域，"时"则是不以主观意志为转移的环境与条件，但能否抓住"时"带来的机遇也有赖于路线、方针、政策是否正确。对于世界上那些既希望通过开放加快发展，又希望保持自身独立性的国家和民族而言，中国对外开放的道路与经验提供了新的选择、新的智慧和新的方案。

一、将对外开放作为长期坚持的基本国策，这是"道"，为对外开放成功提供了战略保障

做任何事，久久才能为功。中国对外开放取得成功，最根本的是将开放作为基本国策写进了党在社会主义初级阶段的基本路线，并承诺 100 年不动摇。这样的承诺具有极大的稳定人心作用，使得各类市场主体得以形成良好预期，从而进行长远谋划和布局。不过，这里需要回答的关键问题是，如何保证对外开放的基本国策能够得到长期贯彻？古今中外实践表明，开放政策半途而废，可能有四个

原因：一是人事更迭；二是精英阶层反对；三是社会大众反对；四是国外合作伙伴反对。中国是如何有效解决这四个问题的？

通过行之有效的干部选拔机制，从组织上保证对外开放的基本国策能够"一茬接一茬"干下去。经过长期探索和实践，中国共产党形成了一套行之有效的干部选拔机制。这套机制将干部是否拥护中央决策、拥护改革开放作为最重要的政治标准，注重对干部的长时间全方位考察。特别是拟提拔重用的关键岗位领导干部，一般都要经过多领域多地方锻炼，一定要经得起人民的检验，也要得到方方面面认可。在这套机制下，能够脱颖而出的人基本都是真心实意拥护改革开放，且有能力将改革开放推向深入，这就从组织上保证了改革开放的基本国策不致因人事更迭而出现根本变化。

通过确立解放思想、实事求是的思想路线，使对外开放成为自上而下自愿自觉的选择。习近平总书记指出："人的对外开放对推进一个国家对外开放具有基础性作用，如果人的思想禁锢、心胸封闭，那就不可能有真正的对外开放。"改革开放后，党和国家确立了解放思想、实事求是的思想路线，鼓励破除教条和迷信，坚持一切从实际出发。在这样的氛围下，包括各级干部和知识分子在内的精英阶层有更多机会"开眼看世界"，能够更加客观务实地认识外部环境，认识中国与发达经济体存在的差距，从而在中国需要向国外学习这一点上形成共识。这是一个根本性的转变。它使人们摆脱僵化意识形态的束缚，接受既有国际秩序的合理性，以参与者、建设者和贡献者的身份融入国际经济体系，自愿向发达经济体学习。

中国向发达经济体的学习是多层次的，包括技术、管理、制度等，其中最重要的是突破了对社会主义与商品经济关系的僵化认识，将学习国外成熟的市场经济理念、规则和体制机制作为对外开放的重要任务，并以此作为国内改革的重要促进。1978 年后，中国翻译介绍了大量与市场经济相关的书籍，重用熟悉现代企业管理、资本市场、宏观调控等的干部作为各领域各地方改革开放的操盘手，通过"入世"谈判与国际经贸规则接轨，推动市场经济理念逐渐深入人心。这样做的好处在于，市场在资源配置中发挥越来越重要的作用，极大地解放和发展了生产力，让人们亲身体会对外开放和市场经济带来的益处，自觉自愿形成将对外开放推向深入的意识与动力。

通过有效减弱经济全球化可能带来的收入分配负面效应，使对外开放具备了坚实的群众基础。无论是美欧发达经济体，还是不少发展中国家，在参与经济全球化进程中，都出现了明显的受益者和受损者，导致发展到一定程度，对全球化不满和要求保护主义的力量会激烈反弹。中国对外开放过程虽然也伴随贫富差距扩大，但各个群体大体相安无事、并未出现严重对立，使得开放能一直坚持进行，而不致因为群体冲突被迫停滞或倒退。究其原因，一是中国选择了基于劳动力比较优势参与国际分工的正确开放路径，使得对外开放和吸引外资直接惠及广大农民工以及城镇受教育程度较低的人口。二是跨国公司在中国设立子公司分公司等机构、招聘本地人才，为平民出身但受过高等教育的学子提供了择业的新路径新选择，提供了个人和家庭跻身中等收入群体、阶层向上流动的新机遇。三是中国建立了广覆盖的社会保障网络，极大地发挥了安全阀和稳定器的作用。这就使得中国的对外开放得到了广大人民的拥护和支持，具备了坚实的群众基础。

通过坚持互利共赢的开放战略，最大程度赢得国外合作伙伴对

中国对外开放的支持。实事求是地讲，一国处于国际分工相对弱势时，倡导互利共赢是保护自身利益的需要；处于相对强势时，倡导互利共赢才真正体现国际价值追求。当前，中国已进入引进来和走出去并重阶段，商品、资本和技术走出去成为潮流，在一些产业的全球价值链居于中高端位势。在此形势下，中国对外开放依然坚持互利共赢的基本原则，是基于推动构建更加开放、包容、普惠、平衡、共赢的经济全球化和国际经济新秩序的价值追求。正是这个长期不变的基本原则，为中国赢得越来越多的合作伙伴。一个突出的事例是，中国倡导的"一带一路"建设秉持和平合作、开放包容、互学互鉴、互利共赢的丝路精神，得到广泛认同和支持，已有80多个国家和国际组织与中国签署合作文件，"一带一路"正在成为构建人类命运共同体的重要平台。

二、建立健全"中央权威 + 地方活力"的体制机制，这是"势"，为对外开放成功提供了制度保障

坚持党中央权威和集中统一领导，保持稳定的政治环境，这是对外开放成功的根本制度保障。对于发展中国家而言，在对外开放进程中保持稳定的政治环境，既十分必要，又十分不易。说十分必要，是因为发达经济体跨国公司的资本和技术只青睐那些政治风险较低的国家，一旦东道国发生政治动荡，国外资本和企业往往大规模撤离，多年的开放成果可能毁于一旦。说十分不易，是因为高度传统的社会和高度现代化的社会都是稳定的，而处在开放转轨进程中的社会最容易发生动荡。著名政治学家亨廷顿曾提出，20世纪五六十年代发展中国家普遍发生政治动荡，不是由于他们贫穷落后，而是由于他们力图走向开放实现现代化。改革开放后，中国确立了

四项基本原则，坚持中国共产党的领导，坚持维护党中央权威，顶住了国际国内风波的挑战和考验，保持了稳定的政治环境，这为源源不断地引进境外优质资本、技术和企业，将对外开放持续推向深入提供了根本的制度保障。

充分调动地方的积极性和主动性，使开放决策在地方层面得到有效实施，成为对外开放成功的活力所在。对外开放的决策在中央，但必须经由地方执行和实施，因此地方政府的态度和行动成为开放决策能否真正落地的关键。40年来，中国对外开放取得巨大成就，地方的主动作为作出了重要贡献。无论是沿海地方政府，还是内陆、沿边地方政府，有条件的地方会积极谋划开放，没有条件的地方创造条件也要积极谋划开放，从而形成了多种多样的开放型经济发展平台和发展模式。究其原因，一是中国的干部考核和选拔机制催生了"县域竞争"，下级政府在贯彻中央和上级政府意志方面成绩突出，十分有利于本地发展得到更多重视，也十分有利于干部的提拔使用。二是中国的行政管理体制实行"条条"与"块块"相结合，地方党委和政府在本地开放型经济发展方面拥有相当大的决策权。三是分税制财政管理体制下，地方财政拥有较大自主性，能够集中力量办事情。特别是沿海一些财力比较雄厚的地方，有能力通过补贴等优惠政策大量吸引外商投资，大力引进国际人才，从而打造开放型经济发展高地。

三、采取正确的对外开放路径，这是"术"，为对外开放成功提供了方法论保障

40年来，中国在对外开放方法论方面至少做对了三件事：一是通过利用外商直接投资参与国际分工和竞争；二是建立各类开放特

殊区域先试验后推广；三是渐进开放。

通过扩大利用外资参与国际分工和竞争。发展中国家一旦选择对外开放，马上面临以何种方式参与国际分工和竞争的问题。主要途径有三：一是开展对外贸易；二是利用国外贷款；三是吸引外商直接投资。从第一条途径看，受要素禀赋和产业竞争力制约，多数发展中国家初期只能通过出口能源、原材料等初级产品，进口机器设备等工业制成品参与国际贸易，与发达经济体形成产业间分工模式。其风险在于，发展中国家或者由于初级产品出口效益较好而陷入"资源诅咒"，沦为发达经济体的能源原材料附庸；或者由于贸易条件恶化而出现大量逆差，面对国际投机资本冲击时抵抗力十分脆弱。从第二条途径看，国外贷款主要以美元计价结算，利用国外贷款往往导致发展中国家美元外债持续增加，一旦遭遇美联储加息周期、美元大幅升值，外债还本付息负担急剧上升，超过本国外汇储备所能提供的清偿能力，很容易发生债务危机。拉美、非洲、中东、中亚等不少发展中国家采取了这两条途径，但实践证明并不成功。

改革开放后，中国经过短暂尝试，很快认识到出口初级产品和借用外债这两种模式的不可持续性，充分利用劳动力成本低、工业基础好、配套能力强的优势，主要采取了吸引外商投资、发展加工贸易、嵌入跨国公司全球价值链的方式参与国际分工。实践证明，这种方式的优势在于：一是外企进入不仅带来资本和技术，更重要的是带来现代企业管理制度、国际市场营销渠道和市场经济理念，给人们的思想、知识和视野形成巨大冲击和改变。二是加工贸易天然创造顺差，为国家外汇储备积累作出重要贡献，大大增强了进口能力和抗风险能力，解决了发展中国家经济起飞之初普遍面临的外汇短缺难题。三是外资企业在雇佣本地员工、与本地企业合作过程中，实现了技术、管理经验和国际规则知识的溢出，一些头脑灵活的人在外企接受训练后出来"单干"，直接促进了当地民营企业发展。四是外资制造业企业成为吸纳农业转移人口的重要途径，不仅直接提高了农民收入，而且促使传统农民向现代产业工人转化，从农村人口向城镇人口转化，促进了不少地区的工业化和城镇化。五是直接推动中国出口结构由初级产品向劳动密集型产品再到机电产品转型升级。六是较之国际贷款或短期投机资本，外商投资实体企业考虑的因素更加综合和长远，撤出的机会成本更高，对于东道国经济而言是更加稳定的因素。

建立各类开放特殊区域先试验后推广。改革开放初期，中国建立了 4 个经济特区，这是最早类型的开放特殊区域。此后，又建立了国家级经济技术开发区、国家级高新技术产业开发区、海关特殊监管区域、边境经济合作区、国家级新区等多种类型特殊区域，目前功能最特殊、制度最先进的是自由贸易试验区和中国特色自由贸易港。设立特殊区域推动对外开放有两个突出优势：一是在既有体制和政策惯性力量十分强大的情形下，通过特殊区域实施局部突破，打造政策洼地和改革高地，形成集聚资本、技术、人才等优质要素的"绿洲"。二是将对外开放主要集中在特殊区域内，容易控制风险，从而减少保守力量对开放的反对。可以说，设立特殊区域进行试验，是发展中国家既对外开放又防控风险的有效途径，是平衡各方诉求、最大程度凝聚开放共识的有效载体。目前，各类型开放特殊区域已成为中国发展对外贸易、利用境外投资、对标国际贸易投资规则的主要平台。通过将特殊区域的改革创新经验在不同范围复制推广，又对其他地区的改革发展起到很好的促进作用。

表 1.1　中国各类型对外开放特殊区域概况

对外开放特殊区域类型		区域数量
经济特区		5
国家级经济技术开发区		219
国家级高新技术产业开发区		156
海关特殊监管区域	保税区	12
	出口加工区	63
	保税港区	14
	综合保税区	52
边境经济合作区		17
国家级新区		18
自由贸易试验区		12
中国特色自由贸易港		1

资料来源：笔者整理。

　　立足国情和发展需要实施渐进开放。二战以来的世界经济发展史表明，对于发展中国家而言，不开放一定落后，但开放在带来巨大机遇的同时也伴随巨大风险，由于开放方式错误而落入中等收入陷阱、甚至发生社会动荡的国家所在多有。一个主要教训是，不能盲信经济教科书理论，不能不顾风险承受能力而实施激进开放，试图一步到位实现贸易投资自由化，特别是在金融开放方面要十分谨慎，要像麦金农提出的那样，理好经济自由化的顺序，在实施资本账户开放前做好各种必要准备。中国对外开放采取了渐进式路径，从地域上先沿海后沿边内陆，从领域上先经常账户后资本与金融账户，先长期投资再短期投资，先机构投资者再个人投资者，并且对一些资本项目保持一定程度的管制。实践证明，这种开放方式不符合西方新自由主义主流经济理论的假设路径，却契合中国国情和国内发展需要，限制了风险可能发生的范围，减少了试错成本，避免了激进开放可能带来的经济和社会系统崩溃的可能性。林毅夫提出，"那些推行休克疗法的国家，我们存在的问题他们也普遍存在，但我们有的成绩这些国家却没有"。对于那些期望通过对外开放推动经济社会转型，但不熟悉现代市场经济规律、风险防控能力有限的发展中国家而言，渐进式开放是理性务实的正确选择。

四、和平与发展成为时代主题，经济全球化快速推进，这是"时"，为对外开放成功提供了天时保障

20世纪80年代，世界局势开始发生深刻变化。冷战结束后，和平与发展作为时代主题的特征日益明显，世界多极化、经济全球化、文化多样化、社会信息化渐成潮流，这为中国持续推进对外开放创造了相对稳定的国际环境和十分有利的经济环境。与1870—1913年的那一轮经济全球化相比，冷战结束后的经济全球化具有三个显著特点，使得发展中国家能够通过参与获取开放收益：一是上一轮经济全球化伴随发达国家对殖民地的武力侵略与征服，冷战结束后的经济全球化是在旧殖民体系早已瓦解、发展中国家实现民族独立基础上进行的，自愿平等原则取代了武力胁迫原则。二是上一轮经济全球化以货物贸易自由化为主要特征，殖民地半殖民地出口初级产品，发达国家出口工业制成品，二者形成产业间分工关系，殖民地半殖民地长期承受"剪刀差"剥削；冷战结束后的经济全球化以跨国公司直接投资为主要特征，通过大规模产业转移在全球布局价值链，在发达经济体和发展中国家之间形成垂直的产品内分工关系，为发展中国家吸引资本、技术、人才、管理等优质要素创造了难得的机遇。三是上一轮经济全球化没有形成全球贸易投资规则

体系，冷战结束后的经济全球化则是在多边贸易体制框架下进行的，这个框架对发展中国家有着制度性的优惠安排，使得发展中国家在现有国际经济秩序下也能争取最大权益。

然而，和平与发展的国际环境虽然十分难得，经济全球化机遇虽然难逢，但毕竟是外因，真正抓住机遇实现快速发展的发展中国家屈指可数。中国作为最大受益者之一，归根到底是在经济全球化露出苗头时就做出敏锐的趋势性判断，在此基础上进行了对外开放的战略选择，并采取了事实证明是正确的开放路径，这是内因，是对外开放成功的根本，正所谓"天时不如地利，地利不如人和"。

第六节　中国对外开放发展展望

经过长期奋斗特别是改革开放 40 年来不懈努力，中国特色社会主义进入了新时代。党的十九大描绘了决胜全面建成小康社会、夺取新时代中国特色社会主义伟大胜利的宏伟蓝图，进一步指明了党和国家事业前进方向。我们要胜利实现既定战略目标，就要坚定不移坚持中国特色社会主义道路，坚定不移走对外开放这条引领中国繁荣发展的必由之路，推动形成全面开放新格局。

一、根据主动参与和推动经济全球化进程的客观要求谋略发展大局

从历史维度看，经济全球化是社会生产力发展的客观要求和科技进步的必然结果。经济全球化为世界经济增长提供了强劲动力，促进了商品和资本流动、科技和文明进步、各国人民交往。特别是

冷战结束后的这轮经济全球化，在速度、深度、广度上远远超过以往，其突出表现为市场、资金、资源、信息、人才等高度全球化，各国利益交融、兴衰相伴、安危与共，形成了你中有我、我中有你的命运共同体。2008 年国际金融危机后，经济全球化强劲发展的势头受到了严重冲击，但这并未改变经济全球化深入发展的大势。

从现实维度看，当前世界经济发展动力不足，保护主义和内顾倾向抬头，经济全球化遇到重大挑战。经济全球化是不可逆转的时代潮流，但形式和内容上面临新的调整。这就要求我们维护多边贸易体制主渠道地位，坚持开放的区域主义，努力打造平等协商、广泛参与、普遍受益的区域合作框架；促进自由贸易区建设，提升贸易投资自由化便利化水平；主动参与和推动经济全球化进程，引导经济全球化朝着更加开放、包容、普惠、平衡、共赢的方向发展，为建设开放型世界经济增添动力。

当前全球发展失衡、治理困境、数字鸿沟、公平赤字等问题突出。中国日益走近世界舞台中央，如何在加快自身发展的同时，应对全球挑战、谋求共同发展，是新时代扩大对外开放的重要课题。这就要求我们更好统筹国内国际两个大局，奉行互利共赢的开放战略，鼓励和支持其他国家搭乘中国发展的"顺风车"，帮助广大发展中国家参与并融入全球价值链，促进包容性增长和共享型发展，为构建人类命运共同体作出中国贡献。

二、按照提升中国开放型经济质量的重大需求确定主攻方向

当前中国经济发展进入新常态，劳动力成本持续攀升，资源约束日益趋紧，环境承载能力接近上限，开放型经济传统竞争优势受

到削弱，传统发展模式遭遇瓶颈。因而，迫切需要转变发展方式、优化经济结构和转换增长动力；迫切需要形成面向全球的贸易、投融资、生产服务网络，加快培育国际经济合作和竞争新优势，推动中国开放型经济高质量发展。

提升中国开放型经济质量需要在以下几方面实现重大突破。

（一）对外贸易大而不强，出口商品质量、档次和附加值不高

中国商品出口额已多年位居世界首位，高新技术产品出口额占比稳居 30% 左右，也培育出了华为、三一重工等全球知名品牌。但从整体上看，中国出口商品技术水平相对落后、品牌价值偏低、关键零部件严重依赖进口的现状并未根本改变，大多数出口企业仍然位于全球价值链的中低端环节，单位出口商品的附加值明显低于欧美日等发达国家。据 OECD 测算，当前美国、日本和德国出口 1 美元商品所创造的国内增加值分别高达 0.85、0.853 和 0.744 美元，而中国仅为 0.68 美元，和发达经济体仍有明显差距。

（二）服务领域、内陆和沿边地区总体上还是对外开放的短板

一是产业开放不平衡不充分。制造业是中国开放时间较早、程度较深的领域，也是发展较快、竞争力较强的领域。但是除极少数敏感领域外，其他制造业还有进一步开放发展的空间。相比之下，服务业对外开放相对滞后，产业整体竞争力不强，仍是经济发展和结构升级的"短板"。

二是区域开放不平衡不充分。内陆和沿边地区开放虽然取得长足发展，但与沿海地区相比仍是中国对外开放的洼地。特别是西部地区拥有全国 72% 的国土面积、27% 的人口、20% 的经济总量，而

对外贸易、利用外资和对外投资占全国的比重都不到8%，且近年来占比甚至呈现下降态势。中部地区的整体开放水平要稍优于西部地区，但近年来利用外资占全国的比重也出现下降。2013年以来，长江经济带在东中西部协同开放方面下了很大功夫，但长三角地区对外贸易、利用外资和对外投资占长江经济带的比重仍在80%左右，未能形成真正意义上的开放"带"。

（三）"一带一路"建设面临大国掣肘和营商环境恶劣等诸多挑战

5年来，"一带一路"建设从无到有，由点及面，取得了令全世界瞩目的伟大成就。但受域内外大国干扰、合作方国内局势动荡、营商环境恶劣、融资困难等多种因素影响，部分项目进展并不十分顺利。据有关媒体公开报道，中缅铁路缅甸境内段、孟加拉国索纳迪亚港等项目迄今进展并不顺利，甚至被合作方取消；部分民营企业在哈萨克斯坦、巴基斯坦等国的投资回报率远不及预期，个别项目甚至出现严重亏损。目前企业走出去仍处于初级阶段，利用两个市场、两种资源的能力不够强，非理性投资和经营不规范等问题较为突出，一些领域潜藏着风险隐患。

（四）开放水平与发达经济体比较仍存在一定的差距

从关税水平上看，中国目前平均关税水平仍高于美国、英国等发达经济体，特别是在服装、家电等优势制造业领域仍然存在10%以上的关税壁垒。从外资准入上看，中国的外资"负面清单"虽然大幅缩短，但仍较发达经济体为长。如中国在汽车、飞机等制造业领域仍然存在对外资的股比限制，在服务业领域对外资企业准入的限制更多，在医疗、加油站、金融、电信、文化、教育等领域，或

对外资存在股比限制，或禁止外资进入，或对外资经营业务许可存在诸多限制。OECD 数据显示，2016 年中国 16 个主要服务业领域的贸易限制指数明显高于主要发达经济体。

（五）参与制定国际经贸规则的能力有待进一步提升

中国政府一直积极致力于通过世界贸易组织和各类自由贸易区（FTA）等多双边平台参与制定国际经贸规则，从而有效推动全球贸易投资自由化便利化进程。然而，和欧美发达国家相比，中国参与制定国际经贸规则的能力明显偏低，特别在环境、知识产权、电子商务、政府采购等"边境后"议题上往往只能被动援引发达经济体的相关规则，很难主动提出符合大多数发展中国家国情、有利于推动各方合作的新规则和新标准。

三、全面开放的基本内涵和主要任务

党的十九大提出推动形成全面开放新格局，内涵十分丰富，既包括开放范围扩大、领域拓宽、层次加深，也包括开放方式创新、布局优化、质量提升。为今后一个时期对外开放规划了路线图，推出了一系列新任务。我们要深入贯彻落实党的十九大精神，以全面开放推动经济高质量发展，主动参与和推动经济全球化进程。坚持引进来与走出去更好结合，拓展国民经济发展空间。坚持沿海开放与内陆沿边开放更好结合，优化区域开放布局。坚持制造领域开放与服务领域开放更好结合，以高水平开放促进深层次结构调整。坚持向发达国家开放与向发展中国家开放更好结合，扩大同各国的利益交汇点。坚持多边开放与区域开放更好结合，做开放型世界经济的建设者、贡献者。

（一）着力推进贸易强国建设

加快转变外贸发展方式，从以货物贸易为主向货物和服务贸易协调发展转变，从依靠模仿跟随向依靠创新创造转变，从大进大出向优质优价、优进优出转变。为此，应做好以下几方面工作：一是加快货物贸易优化升级，加快外贸转型升级基地、贸易平台、国际营销网络建设，鼓励高新技术、装备制造、品牌产品出口，引导加工贸易转型升级。二是促进服务贸易创新发展，鼓励文化、旅游、建筑、软件、研发设计等服务出口，大力发展服务外包，打造"中国服务"国家品牌。三是培育贸易新业态新模式。坚持鼓励创新、包容审慎的原则，逐步完善监管制度、服务体系和政策框架，推动跨境电子商务、市场采购贸易、外贸综合服务等健康发展，打造外贸新的增长点。四是实施更加积极的进口政策，主动扩大进口，特别是扩大先进技术设备、关键零部件和人民群众需求比较集中的特色优质产品等进口，促进进出口平衡发展。加快加入世界贸易组织《政府采购协定》进程。以中国国际进口博览会等展会为载体，打造世界各国展示国家形象、开展国际贸易的开放型合作平台。

（二）深入推进"一带一路"建设

"一带一路"是新时代推动形成全面开放新格局的重点，也是中国构建面向发达经济体和发展中国家两个开放体系、更加积极主动对发展中国家开放的主要抓手。要遵循共商共建共享原则，积极促进"一带一路"国际合作，努力实现政策沟通、设施联通、贸易畅通、资金融通、民心相通，打造国际合作新平台，增添共同发展新动力。为此，应做好以下几方面工作：一是加强同沿线国家和地区发展战略对接，增进战略互信，寻求合作的最大公约数，将"一带一路"

建成和平之路。二是聚焦发展这个根本，以"六廊六路多国多港"为主体框架，大力推动互联互通和产业合作，拓展金融合作空间，将"一带一路"建成繁荣之路。三是提高贸易和投资自由化便利化水平，与相关国家商谈优惠贸易安排和投资保护协定，全面加强海关、检验检疫、运输物流、电子商务等领域合作，将"一带一路"建成开放之路。四是抓住新一轮科技革命和产业变革的机遇，加强创新能力开放合作，将"一带一路"建成创新之路。五是建立多层次的人文合作机制，推动教育、科技、文化、体育、卫生、青年、媒体、智库等领域合作，夯实民意基础，将"一带一路"建成文明之路。

（三）打造稳定公平透明、法制化、可预期的营商环境

改善外商投资环境、提高利用外资水平。要不断扩大利用外资的规模，不断提高利用外资的质量。科学研判中长期的外资走势，创新工作思路，打造利用外资新平台，重塑利用外资新优势。优化利用外资环境，推动大幅度放宽市场准入，保护外商投资合法权益，营造公平透明、可预期的营商环境。

营造公平竞争的市场环境。加强同国际经贸规则对接，增强透明度，强化产权保护，坚持依法办事，鼓励竞争、反对垄断。深化政府机构改革，坚决破除制约使市场在资源配置中起决定性作用、更好发挥政府作用的体制机制弊端。凡是在中国境内注册的企业，都要一视同仁、平等对待。在资质许可、标准制定、政府采购、享受《中国制造2025》政策等方面，依法给予内外资企业同等待遇。保护外商投资合法权益。要认真落实《中共中央国务院关于完善产权保护制度依法保护产权的意见》，不以强制转让技术作为市场准入

的前提条件，加强知识产权保护，这是完善产权保护制度最重要的内容。同时，完善执法力量，加大执法力度，把违法成本显著提上去，把法律威慑作用充分发挥出来，严厉打击侵权假冒违法犯罪行为。

大幅度放宽市场准入。在服务业特别是金融业方面，要确保放宽银行、证券、保险行业外资股比限制的重大措施落地，同时要加大开放力度，加快保险行业开放进程，放宽外资金融机构设立限制，扩大外资金融机构在华业务范围，拓宽中外金融市场合作领域。要加快放开育幼养老、建筑设计、会计审计、商贸物流、电子商务等竞争性服务业等领域对外资准入限制和股比限制。在制造业方面，目前已基本开放，保留限制的主要是汽车、船舶、飞机等少数行业，现在这些行业已经具备开放基础，下一步要尽快放宽外资股比限制特别是汽车行业外资限制。进一步深化外商投资负面清单工作，全面落实准入前国民待遇加负面清单管理制度。提高各部门许可审核程序和判断标准的透明度，最大限度减少部门自由裁量权，实现内外资一视同仁。逐步建立以环保标准、技术标准、安全标准等标准体系为主的行业准入机制，推进事中事后核查，减少各部门特殊许可数量。以降低用工成本和税费负担为重点，为企业创造更好的成本环境和创新创业空间。

（四）创新对外投资合作方式

促进国际产能合作，带动中国装备、技术、标准、服务走出去，形成面向全球的贸易、投融资、生产、服务网络。要继续鼓励有实力、信誉好的企业走出去，为企业走出去营造好的环境、好的条件、好的服务，引导企业增强风险防范能力。实施境外合作区创新工程，

培育大型跨国企业，打造中国投资品牌，树立中国投资形象。为此，应做好以下几方面工作：一是完善重大项目决策科学评估机制，在权衡战略价值、风险和商业收益之后进行审慎决策。在重大项目实施之前，从保障能源资源安全、确保周边稳定、获取海外战略支点、输出技术标准规范、促进中长期产业合作、商业盈利性等多个维度对项目战略价值进行评估，并审慎评估项目所面临的风险，最终立足于项目的战略价值和风险进行决策。二是针对重大海外建设项目的特殊性逐步建立稳定、可持续、风险可控的新型融资模式，在多层次、多渠道增加资金供给的同时加大公共资金对重点项目的投入。三是在和平、发展、合作、共赢旗帜下，在总体稳定、均衡发展的大国关系框架内，以第三方市场合作作为核心抓手，推动有关大国成为中国海外合作的参与者和受益者。四是创新合作模式，引导企业制定能够兼顾境外各方利益诉求的"走出去"实施方案，并加大对弱势群体的援助力度，最大限度地争取东道国各阶层、各党派对相关项目的支持。五是强化各级政府，特别是省一级政府和国内外咨询公司、智库、商会等机构的合作，推动在合作方境内设立非官方的双边合作促进机构，帮助企业应对风险，并探索建设符合中国企业"走出去"特点的新型国际仲裁机制，提升海外投资者权益保护水平。

（五）优化区域开放布局

加大西部开放力度。着力推进"一带一路"建设和长江经济带发展，增强西部地区与沿海地区经济联系，拓展西部地区对外开放空间。坚持以开放促开发的思路，完善口岸、跨境运输等开放基础设施，实施更加灵活的政策，建设好自贸试验区、国家级开发区、边境经济合作区、跨境经济合作区等开放平台，打造一批贸易投资区域枢纽城市，扶持特色产业开放发展，在西部地区形成若干开放型经济新增长极。

进一步促进东北地区扩大开发。以开放推动改革不断深化，加快形成有活力的体制机制，促进东北振兴取得新突破。加快转变政府职能，减少政府对市场主体的不合理干预。深化国有企业改革，真正确立国有企业的市场主体地位，增强市场竞争力。积极改善营商环境，促进民营经济发展。

加快发展内陆开放型经济。发挥中部地区连接东西、贯通南北的区位条件和产业体系较为完整的优势，加强综合立体交通枢纽和物流设施建设；加快建设现代产业体系，依托功能平台承接产业转移，发展现代农业、先进制造业和战略性新兴产业，培育一批有国际竞争力的产业集群；全面融入"一带一路"建设，积极开展国际产能和装备制造合作，推动中部地区崛起。

着力开放和创新引领，率先实现东部地区优化发展。东部地区率先建立全方位开放型经济，参与国际经济合作和竞争，增创扩大开放新优势。加快在创新引领上实现突破，充分利用和拓展创新要素集聚的各种优势，打造具有国际影响力的创新高地，率先实现产业升级，引领新兴产业和现代服务业发展，打造全球先进制造业基地，对全国经济发挥重要的增长引擎和辐射带动作用。

赋予自贸试验区更大改革自主权。2013 年以来，中国自贸试验区建设取得多方面重大进展，形成一批改革创新重要成果。下一步要着眼于提高自贸试验区建设质量，对标国际先进规则，强化改革举措系统集成，鼓励地方大胆试、大胆闯、自主改，形成更多制度创新成果，进一步彰显全面深化改革和扩大开放的试验田作用。

　　探索建设自由贸易港。自由港是设在一国（地区）境内关外、货物资金人员进出自由、绝大多数商品免征关税的特定区域，是目前全球开放水平最高的特殊经济功能区。香港、新加坡、鹿特丹、迪拜都是比较典型的自由港。中国海岸线长，离岛资源丰富。中央支持海南探索、稳步推进中国特色的自由贸易港建设，分步骤、分阶段建立自由贸易港政策和制度体系，打造开放层次更高、营商环境更优、辐射作用更强的开放新高地，对于促进开放型经济创新发展具有重要意义。

第二章　中国对外贸易发展历程、经验和未来发展方向

改革开放以来，中国对外贸易快速发展，1978年至2017年的年均增速为14.5%，逐步成为世界第一贸易大国。在此期间，中国进出口结构提升，贸易方式及主体结构改善，国际市场多元化拓展，贸易新业态蓬勃发展。回顾改革开放以来的贸易发展，中国主动适应国际国内形势逐步扩大开放，注重发挥比较优势积极参与国际分工，外资与外贸互促互进，改革与开放协同推进，并积极参与多双边贸易规则，支撑了中国对外贸易的快速发展。

第一节　中国对外贸易发展历程

1978年，党的十一届三中全会确立了以经济建设为中心的社会主义初级阶段基本路线，实行改革开放，中国的对外贸易开始蓬勃发展。中国改革开放以来的贸易发展阶段大致划分为四个阶段。

一、1978年至1991年，对外贸易初期发展阶段

新中国成立后，中国面对严峻的国际形势，国内基本处于封闭

状态，贸易总体发展缓慢甚至停滞，至 1978 年中国对外贸易额仅 206.4 亿美元，且以进口为主。20 世纪 80 年代，中国外部环境显著改善，1971 年联合国恢复中国的合法席位，1972 年美国总统尼克松访华，中美正式建交、关系改善，中国与其他西方国家也逐步建立外交关系，为中国对外贸易的发展提供了良好的外部环境和发展机遇。实行改革开放后，中国逐步扩大开放力度，积极引进外资、发展制造业，充分发挥劳动力比较优势，劳动密集型出口加工业快速发展。出口商品中，工业制成品所占比重于 1986 年超越初级产品所占比重。

二、1992 年至 2000 年，融入世界规则阶段

进入 20 世纪 90 年代，发达国家机电制造业和高新技术产业中劳动密集型向外转移，中国紧抓此次发展机遇。国内方面，于 1992 年确立社会主义市场经济体制目标，在全国范围内全面推进对外开放，推进外贸及相关体制机制改革，主动融入世界规则，同时鼓励发展外向型的机电制造业和高新技术产业，提高了中国在国际产业链分工中的地位，机电产品出口快速发展。2001 年中国货物贸易出口额占世界出口总额的比重达到 4.3%，较 1978 年上升 3.55 个百分点。贸易产品丰富、结构优化，贸易伙伴也逐步增多。这一时期，对外贸易对中国经济增长的贡献也十分突出（如图 2.1 所示），为中国综合国力提升和人民生活水平改善也发挥了积极作用。

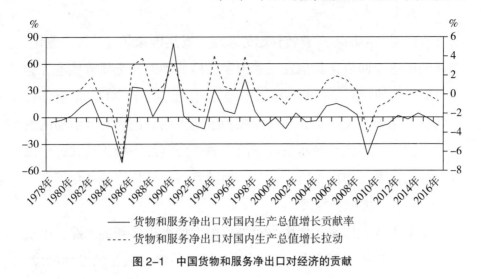

──── 货物和服务净出口对国内生产总值增长贡献率
------- 货物和服务净出口对国内生产总值增长拉动

图 2-1　中国货物和服务净出口对经济的贡献

数据来源：国家统计局。

三、2001 年至 2011 年，对外贸易快速发展阶段

2001 年 12 月 11 日，中国成为世界贸易组织第 143 个成员国。加入 WTO 后中国积极融入国际规则，面对更为广阔的国际市场，抓住了发达国家信息服务业向外转移的机遇，深度参与国际分工，大力发展以电子和信息技术为代表的高科技出口产业。从总体上看，中国贸易额快速增长，2011 年进出口总额达到 3.64 万亿美元，货物出口额占全球比重 10.4%，连续三年居全球之首。贸易结构中，制成品比重已占绝大多数，机电产品和高新技术产品在出口中的比重稳步提升，进口结构优化，贸易伙伴渐趋多元化。这一时期，对外贸易由逆差转为顺差，为中国积累了大额的外汇储备，同时带动了大量的就业，成为拉动中国经济增长的主要力量。

四、2012 年党的十八大以后，建设贸易强国阶段

2008 年全球金融危机后，国际市场需求疲弱，虽然近年全球经

济有所回暖，但国际产业转移趋势减缓，发达国家通过"再工业化"等鼓励制造业回流，其他发展中国家凭借劳动力和土地等成本优势积极吸引劳动密集型产业转移，中国外贸发展空间双面承压。同时，全球贸易保护主义抬头，贸易摩擦和争端大增，也为对外贸易的发展蒙上阴影。因此，虽然依赖于出口的外向型经济增长模式为中国经济的高速发展作出了巨大贡献，但随着国内外环境的变化不利于中国长期的经济社会发展。

党的十八大以来，党中央对外贸的发展提出了新的思路，由贸易大国开始向贸易强国转变，中国对外贸易将进入新的发展阶段。党中央和国务院出台多项政策，支持贸易强国发展，培育外贸竞争新优势、促进外贸体制机制改革等，中国也已更多地参与到国际经贸规则的制定中。2017 年贸易额较 1978 年增长 197 倍，年均增速 14.5%。2017 年，中国成为世界贸易第一大国，出口额占世界的 12.8%，居第一位；进口额占世界的 10.2%，居第二位。党的十九大提出推动形成全面开放新格局，将为中国对外贸易的发展带来新的历史机遇。

表 2-1　2012 年以来国务院对外贸易相关政策文件

1	《关于加强进口促进对外贸易平衡发展的指导意见》（国发［2012］15 号）
2	《关于印发落实"三互"推进大通关建设改革方案的通知》（国发［2014］68 号）
3	《关于加快培育外贸竞争新优势的若干意见》（国发［2015］9 号）
4	《关于改进口岸工作支持外贸发展的若干意见》（国发［2015］16 号）
5	《关于促进跨境电子商务健康快速发展的指导意见》（国办发［2015］46 号）
6	《关于促进加工贸易创新发展的若干意见》（国发［2016］4 号）
7	《关于促进外贸回稳向好的若干意见》（国发［2016］27 号）

资料来源：国务院。

第二节　中国对外贸易发展的趋势特点

改革开放 40 年来，中国贸易规模稳步提升，贸易产品由以初级产品为主发展为以工业制成品为主，以轻纺等劳动密集型产品为主发展为以机电和高新技术产品等资本技术密集型产品为主，同时贸易方式、贸易主体结构、贸易市场机构等不断优化，近年来贸易新业态也快速发展。

一、贸易规模稳步增长

中国对外贸易规模在 1978 年之后基本保持增长态势，特别是 2001 年加入世界贸易组织后，贸易规模呈现大幅增长。1978 年，中国对外贸易额 206.4 亿美元。其中，出口 97.5 亿美元，进口 108.9

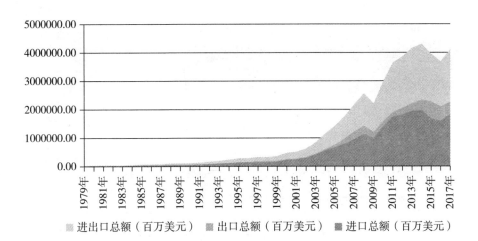

图 2-2　中国 1979 年至 2017 年货物贸易总体情况

数据来源：国家统计局、海关总署。

亿美元。2001 年，中国对外贸易额 5096.6 亿美元，较 1978 年增长近 24 倍。其中，出口 2661 亿美元，进口 2435.5 亿美元。2017 年，中国对外贸易额 4.1 万亿美元，是 2001 年贸易规模的 8 倍。其中，出口 2.26 万亿美元，进口 1.84 万亿美元。

二、进出口产品结构提升

中国出口产品中，工业制成品占比不断提高，在 20 世纪 80 年代实现了初级产品为主向工业制成品为主的转变。1980 年，出口产品中，初级产品出口额 91.14 亿美元，工业制成品出口额 90 亿美元，占比相近。2001 年，出口产品中，初级产品出口额 263.38 亿美元，占比 10%；工业制成品出口额 2397.6 亿美元，占比 90%。2017 年，出口产品中，初级产品出口额 1177 亿美元，占比 5%；工业制成品出口额 2.15 万亿美元，占比 95%。

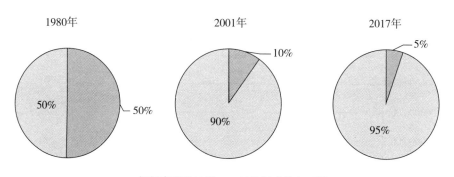

图 2-3　中国出口产品结构

数据来源：国家统计局、海关总署。

20 世纪 90 年代，中国实现了由轻纺产品为主向机电产品为主的转变，1996 年以来，出口产品中机电产品金额占比逐步提高，

1996 年为 31.9%，2017 年上升至 58.4%，金额达 1.3 万亿美元，占全球市场的份额升至 17% 以上。进入 21 世纪，以电子和信息技术为主的高新技术产品占比不断提高，2004 年高新技术产品出口额为 1655.36 亿美元，占比 27.9%。其后，该比例基本保持逐步扩大趋势，2017 年高新技术产品出口额为 6674.44 亿美元，占比 29.5%。

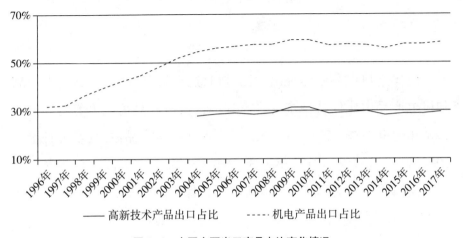

图 2-4　中国主要出口产品占比变化情况

数据来源：国家统计局、海关总署。

中国进口产品中，初级产品占比呈现先降后升的趋势，与贸易方式结构的变动相关。1980 年，进口产品中，初级产品进口额 69.59 亿美元，占比 35%；工业制成品进口额 130.58 亿美元，占比 65%。2001 年，进口产品中，初级产品进口额 457.43 亿美元，占比 19%；工业制成品进口额 1978.1 亿美元，占比 81%。2017 年，进口产品中，初级产品进口额 5770.64 亿美元，占比 31%；工业制成品进口额 1.26 万亿美元，占比 69%。

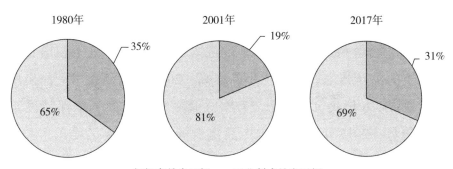

图 2-5 中国进口产品结构

数据来源：国家统计局、海关总署。

具体进口产品中体现出中国进口效益的不断改善，高技术产品和机电产品占比保持稳步提升。其中，机电产品占比（美元计价），1996年为44.19%，2017年为46.42%；高新技术产品占比（美元计价），2004 年为28.76%，2017 年为31.72%。原油、铁矿砂、天然气、钢材、铜精矿等大宗商品进口保持增长，保障国内发展对资源的需求。其中，原油进口额占比，1996 年为 2.45%，2017 年为 8.82%。

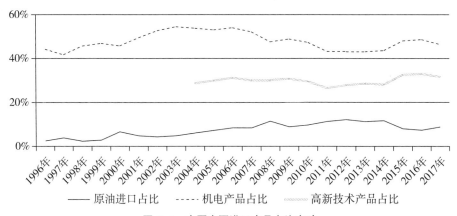

图 2-6 中国主要进口产品占比变动

数据来源：国家统计局、海关总署。

三、贸易方式及主体结构改善

随着中国企业的快速成长以及加工贸易转型升级，一般贸易在中国贸易方式中的占比逐步提升，贸易方式结构优化。2017 年，中国一般贸易进出口额为 15.66 万亿元，增长 16.8%，占进出口贸易总额的 56.4%，比 2005 年提升 14.6 个百分点。同年，加工贸易进出口额为 8.06 万亿元，增长 9.6%，占进出口贸易总额的 29%，比 2005 年降低 19.5 个百分点。

中国贸易主体结构，外资企业的贸易额占比逐步下降，民营企业的地位不断提升。2005 年，民营企业进出口额所占比重为 15.8%，外商投资企业为 58.5%，国有企业为 25.7%。2010 年，外商投资企业进出口规模仍居首位，但民营企业进出口规模超越国有企业。2017 年，民营企业进出口额 10.8 万亿元，占进出口总额的 38.5%，对进出口增长的贡献率达 41.2%。其中，民营企业出口占出口总额的 46.6%。

四、国际市场多元化拓展

1978 年中国贸易伙伴仅十几个，2017 年发展到 231 个。欧盟、美国、东盟、日本、金砖国家等为中国的主要贸易伙伴。近年来，中国对发达经济体进出口保持稳定，2017 年对欧盟、美国的进出口额分别增长 15.5% 和 15.2%。随着"一带一路"的稳步推进，2017 年中国对"一带一路"沿线国家进出口增长 17.8%，高出进出口总体增速 3.6 个百分点。其中，对哈萨克斯坦、蒙古国的进出口增速分别为 37.4% 和 38.1%（美元计价）。对东盟国家等新兴市场和发展中国家的开拓也持续推进，2000 年至 2017 年，东盟在中国出口市

场中的占比从 7% 提高到 12.5%，非洲地区从 2% 提高到 4.1%。

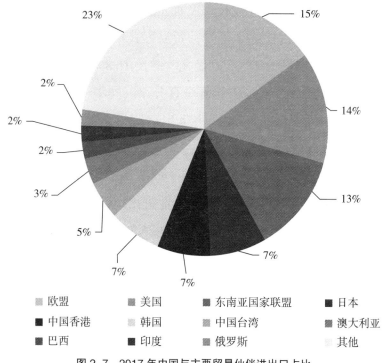

图 2-7 2017 年中国与主要贸易伙伴进出口占比

数据来源：国家统计局、海关总署。

五、贸易新业态蓬勃发展

近年来，中国跨境电子商务、市场采购贸易、外贸综合服务等贸易新业态蓬勃发展，成为外贸发展的新亮点。目前已在全国设立13 个跨境电子商务综合试验区，8 个市场采购贸易方式试点。2014年，跨境电子商务增速高达 30% 以上，义乌市场采购贸易方式出口增速达 36.8%。2015 年，跨境电商出口继续保持 30% 以上的增速，市场采购贸易方式出口增长 60% 左右。2016 年，试点区域跨境电商进出口额增长 1 倍以上，市场采购贸易出口增长 16%。2017 年，通过海关跨境电商管理平台零售进出口总额达到 902.4 亿元，增长 80.6%。

表 2-2　中国跨境电子商务综合试验区及市场采购贸易方式试点

类型	试点
跨境电子商务综合试验区	杭州、宁波、天津、上海、重庆、合肥、郑州、广州、成都、大连、青岛、深圳、苏州
市场采购贸易方式试点	浙江义乌、江苏海门叠石桥国际家纺城、浙江海宁皮革城、江苏省常熟服装城、广东省广州花都皮革皮具市场、山东省临沂商城工程物资市场、湖北省武汉汉口北国际商品交易中心、河北省白沟箱包市场

资料来源：笔者整理。

第三节　中国对外贸易发展的主要经验

中国实行改革开放后，对外贸易实现了迅速发展，成为带动经济社会发展的核心力量之一。回顾 40 年来对外贸易的发展，主要得益于以下六个方面的经验。

一、适应国际国内形势逐步扩大开放

中国的对外开放是从零开始，在实践中不断摸索前进。开放格局由点到线，由线到面，1992 年后逐步形成全面开放格局，开放型经济水平不断提高，目前正在推动形成全面开放新格局。开放中采用"先试点、再推广"的方式探索，建设了各类型的对外开放特殊区域，包括经济特区、国家级经济技术开发区、海关特殊监管区域、

边境经济合作区、国家级新区、自由贸易试验区、中国特色自由贸易港。在试点取得经验且条件成熟后再全面推广，避免过快开放带来的风险，逐步激发经济活力。

在具体开放步骤中，先建立经济特区、开放沿海港口城市、开沿海开放经济区，后逐步开放内地边境市镇、沿江和内陆省会城市，进一步扩大西部地区的对内和对外开放。改革开放初期，中国的开放重点在沿海地区，主要是长江三角洲、闽东南地区、山东半岛和辽东半岛等，通过充分发挥沿海地区的区位和自然条件优势，建立了完整的工业体系，成为中国出口商品的主要基地。现阶段，中西部地区快速发展，并有巨大的开放发展空间，积极承接欧美发达国家和东南沿海地区的产业转移，开放型经济取得显著成效。

案例 2-1　重庆市开放型经济快速发展

中国中西部地区开放型经济快速发展，承接欧美发达国家和东南沿海地区的产业转移成效显著，中国国内的外贸地区结构渐趋均衡。2017 年，中西部地区出口增长 18.1%，高于全国总体增速，出口额占比为 16.2%，较 2011 年增加 5 个百分点。以重庆市为例，近年来重庆主动融入"一带一路"和长江经济带建设，从国内外引进大批工业项目，有力推动了重庆市电子信息产业、汽车产业、先进装备制造业、综合化工产业、材料产业、能源产业和消费类制造业的集群化发展和产业结构优化升级。

2014 年至 2017 年，重庆全市累计签约引进亿元以上工业投资项目 2152 个、协议投资额 1.88 万亿元，其中东部沿海省市占比超过 60%，长江经济带 10 省市占比超过 40%。同期，工业实际利用外资连续 4 年超过 40 亿美元，实际利用外资连续保持每年 100 亿美元以上的规模，截至 2017 年年底，累计有 279 家世界 500 强企业落户重庆。以汽车产业为例，近 4 年，重庆累计引进 77 个汽车整车及零部件重点项目，协议投资额 2103 亿元，形成以长安为龙头，长安福特、长安铃木、北京现代、上汽通用五菱、小康、华晨鑫源等知名整车品牌厂商为核心，上千家汽车零部件配套企业为支撑的"1+10+1000"世界级汽车产业集群，基本实现对汽车产品所有细分市场的全覆盖，零部件本地配套率提升至 70%。2017 年，重庆汽车产量达 299.8 万辆，占全国产量约 10%，成为全国最大的汽车制造基地；汽车产业产值为 5016 亿元，同比增长 6.8%。

资料来源：新华网、重庆市统计信息网。

二、发挥比较优势积极参与国际分工

中国在改革开放初期，面临着百废待兴的国内环境，工业基础薄弱，但发挥了劳动力优势，积极发展轻纺等劳动密集型产业，出口产品以服饰、玩具、日用品等劳动密集型产品为主。随着中国工业体系的逐步完善、资本和技术的引入以及国际分工的调整，逐步转向资本和劳动密集型结合的产业，进出口产品结构也随之改变。

近年来，中国劳动力人口成本和土地成本等逐渐上升，吸引外资的成本优势减弱，生态环境的承载能力也受到压力。与此同时，中国经过多年的外资、技术引入和自主创新发展，技术优势、资金积累优势和人才资源优势显现。中国参与国际分工的外贸企业，由起初的代工厂沿产业链延伸，从制造环节向研发、营销等环节发展，不断提高创新能力、品牌建设、营销能力等。而中国本土企业也迅速发展，具有自主品牌、自主知识产权、自主营销渠道等，生产的

高技术、高附加值、高效益的产品出口增速逐步高于传统商品。通过更多的中国企业"走出去"，中国正在从参与国际分工逐渐转为引领国际分工。

案例 2-2　京东方加工贸易转型升级

京东方科技集团股份有限公司（BOE）是中国大陆液晶显示产业的先行者和领导者。京东方的发展体现出中国加工贸易企业转型升级的历程，由初级的加工贸易向液晶显示器全产业链延伸，积极拓展海外市场，不断提高自主创新能力，增强品牌实力。

京东方成立于 1993 年 4 月。初期与日本、中国台湾地区的企业成立合资公司，发展与 CRT 配套的精密零件与材料业务等。后收购韩国企业，进入移动显示产业领域和薄膜晶体管液晶显示器件（TFT-LCD）领域。自 2003 年开始，京东方先后在北京、合肥等地逐步投建多条升级代的 TFT-LCD 生产线，实现了中国全系列液晶屏国产化，并开启全球显示领域全新里程碑。2006 年以来，京东方在韩国、新加坡、日本、美国等地设立子公司和研发机构，拓展海外业务，目前其服务体系覆盖欧、美、亚等全球主要地区。2017 年，京东方新增专利申请量 8678 件，其中发明专利超 85%，累计可使用专利数量超过 6 万件，位居全球业内前列。

根据 IHS 市场数据，2017 年，京东方智能手机液晶显示屏、平板电脑显示屏、笔记本电脑显示屏出货量均位列全球第一，显示器显示屏、电视显示屏出货量居全球第二。京东方目前的核心事业除显示和传感器件外，还包括智慧系统和健康服务，正发展成为一家为信息交互和人类健康提供智慧端口产品和专业服务的物联网公司。

资料来源：京东方官方网站。

三、外贸与外资互进互促

外商投资企业在中国对外贸易和经济发展中发挥了重要的作用。改革开放以来，外资企业长期保持中国对外出口的主体地位，直到2015年中国民营企业的出口比重首次超过外资企业。外资的引入，带来资金、技术和人才的流入，并为相关配套企业的发展提供了良好的产业环境，吸引更多的外资流入，形成良性循环，中国逐渐拥有了完善的工业体系和产业配套能力。

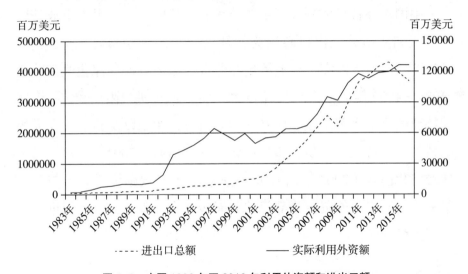

图 2-8　中国 1983 年至 2016 年利用外资额和进出口额

数据来源：国家统计局、海关总署。

同时，外资的引入也为中国本土企业提供了健康的竞争发展环境，促进中国企业的自主发展，提升中国产品、品牌、技术、管理、服务等在国际上的竞争力，为中国企业走出去奠定良好的基础，也为外资与本土企业在第三方市场的合作创造了新的机遇，进一步扩大了中国对外贸易发展空间。

四、贸易与其他经济领域改革开放协同推进

中国对外贸易的发展不仅体现在贸易数据，其背后是贸易体制和经济体制的改革。在改革中消除壁垒，不断释放经济活力，才有了对外贸易40年来的蓬勃发展。中国在改革开放前为计划经济体制，对外贸易体制改革要与总体经济体制改革的协同推进，不仅包括对外贸易管理，还涉及外汇管理体制、关税等方面，需要同各方协同推进改革开放，才能确保相关措施有效发挥作用。

中国对外贸易体制改革主要分为五个阶段[①]：一是以下放外贸经营权和实施鼓励出口政策为特征的初步改革探索阶段（1979—1987年）；二是以实行外贸承包经营责任制为特征的深化改革阶段（1988—1990年）；三是以取消外汇补贴、减少进口限制和统一汇率为特征的改革完善阶段（1991—1993年）；四是以实施汇改和大幅削减关税为特征的贸易逐步自由化阶段（1994—2001年）；五是全球经济化阶段（2002年以后），融入世界贸易规则体系并参与引领贸易规则制定，外贸主管部门的职能转变为以服务为主，促进贸易的可持续发展。

五、不断培育外贸新优势

中国外贸的发展背景是国际经济和贸易的发展，中国外贸的扩大主要在全球贸易的新增产品需求领域，体现在贸易发展中一直主动把握全球贸易发展机遇，注重培育新优势，能够不断获得新增细分市场份额。在产品竞争方面，中国在引入外资制造环节的同时，

---

① 李辉等：《中国对外贸易概论》，对外经济贸易大学出版社2014年版。

积极引入跨国公司研发部门和境外科研机构，跨国企业纷纷在华设立研究中心。此外，中国鼓励企业培育外贸品牌、提升国际标准制定能力、提高产品质量、建立出口产品服务体系等，培养新的竞争优势。

同时，中国鼓励跨境电子商务、市场采购、外贸综合服务等贸易新业态的发展，促进中国国际市场份额的扩大、外贸营销网络的拓展，以及外贸发展方式的转变。跨境电商和市场采购成为近年中国外贸增长的亮点。在市场拓展方面，中国积极加强与发展中国家的经贸往来，在"一带一路"倡议下不断推进贸易畅通，在新的市场中培育和发挥优势，坚定支持自由贸易，实现互利共赢。

案例2-3　阿里巴巴跨境电商案例

阿里巴巴网络技术有限公司（以下简称"阿里巴巴集团"）于1999年在浙江杭州创立，从最初单一的跨境电商平台，逐步发展跨境电商平台与专业贸易服务结合的大生态，将贸易服务中的平台、融资、结算、出入境等有机结合。目前阿里巴巴集团的业务和关联公司包括淘宝网、天猫、全球速卖通、阿里巴巴国际交易市场（alibaba.com）、阿里云、蚂蚁金服、菜鸟网络、飞猪等。

在跨境电商服务方面，天猫国际为跨境进口电商零售电商平台，全球速卖通为跨境出口电商零售平台，阿里巴巴国际交易市场为跨境批发电商平台。蚂蚁金服通过与境外国家企业的技术合作，推出印度版"支付宝"、印尼版"支付宝"等，提供支付等跨境金融服务，同时独立拓展电子支付海外市场。阿里云提供云计算和人工智能服务，在中国香港地区，新加坡、迪拜等地设立了多个地域节点。菜鸟网络为物流大数据平台公司，通过搭建富有效率的跨境物流网络，

支撑跨境贸易的便利和通畅。

近年来，阿里巴巴各业务板块发展迅速，服务于全球的中小企业及消费者。以阿里巴巴国际交易市场为例，截至2018年3月，阿里巴巴国际交易市场平台来自中国以外国家和地区的供应商超过1.7万家，同比增长20%。2017年注册买家覆盖全球200多个国家和地区，买家数增长28%。其中，活跃买家数增长最快前三位国家是印度（增长87%）、越南（增长75%）和尼泊尔（74%）。

资料来源：阿里巴巴集团官方网站、阿里研究院。

六、积极参与多双边贸易规则

中国的对外开放不仅引进了境外的资金和先进技术，主动学习和适应国际通行的市场经济规则，从而促进国内经济体制的改革和市场化水平的提高，激发贸易和经济发展活力。中国加入世界贸易组织后，切实履行各项承诺，降低关税水平、取消部分非关税措施、扩大外商投资领域、加大知识产权保护、增加政策透明度等。截至2010年，中国货物降税承诺全部履行完毕，关税总水平大幅降低。截至2005年，按照承诺全部取消了进口配额、进口许可证和特定招标等非关税措施。此外，修改和废止了一批与WTO规则不符的法律法规，并相继出台新的法律法规，贸易规则与世界接轨。

近年来在多边贸易规则发展艰难的情况下，发达国家转向区域和双边的高水平贸易标准，中国也积极参与了多双边的自贸区协定，并在IMF、上海合作组织、亚太经济合作组织等多个国际和地区组织中发挥越来越重要的作用。中国在外贸发展中，经历了学习规则、主动适应规则到参与国际经贸规则制定的过程，在提升自身发展水平的同时，维护了广大发展中国家的共同利益，并参与创造合作发展的良好国际环境。

第四节　中国对外贸易发展方向

党的十九大报告中，提出拓展对外贸易，培育贸易新业态新模式，推进贸易强国建设，作为推动形成全面开放新格局的重要内容。2015年，中共中央和国务院发布《关于构建开放型经济新体制的若干意见》，提出构建外贸可持续发展新机制，保持外贸传统优势，加快培育外贸竞争新优势，着力破解制约外贸持续发展和转型升级的突出问题。全面提升外贸竞争力，提高贸易便利化水平，完善进出口促进体系，健全贸易摩擦应对机制，大力发展服务贸易，促进外贸提质增效升级。综合来看，中国外贸的未来发展主要为以下四个方面。

一、培育外贸竞争新优势，促进贸易平衡发展

国务院2015年出台的《关于培育外贸竞争新优势的若干意见》，提出目标为巩固贸易大国地位，推进贸易强国进程。未来中国的贸易结构将继续优化，新优势逐渐形成。结构优化方面具体表现为：一是国际市场布局优化，贸易市场更加多元化，新兴市场比重进一步提高；二是国内区域布局优化，通过东中西部协调发展，中西部地区在中国外贸中的占比将进一步提高；三是外贸商品结构优化，出口附加值和技术含量将进一步提高；四是经营主体结构优化，各类企业实现共同发展；五是贸易方式优化，一般贸易的占比将进一

改革开放
中国经济发展系列丛书

步提高，加工贸易实现转型升级。优势培育方面，将由货物出口主导转为货物、服务、技术、资本输出相结合，竞争优势也由价格优势为主转向技术、品牌、质量、服务为核心的综合竞争优势。

二、优化营商环境，提高利用外资水平

目前，中国正在推动营商环境由政策引导为主，向制度规范和营造法治化国际化营商环境转变。在积极学习借鉴成熟市场经济国家的贸易规则、加强知识产权保护等努力下，中国的市场环境将更加公平。通过大通关协作机制的强化、国际贸易"单一窗口"的建设、口岸管理新模式的探索、与主要贸易伙伴开展检验检疫认证认可和技术标准等方面的交流合作与互认等，中国的贸易便利化水平将进一步提升。利用外资中，通过承接国际制造业转移和促进国内产业转型升级的结合，引导外资投向新兴产业、高新技术、节能环保等领域，并通过鼓励跨国公司在华设立地区总部、采购中心、财务管理中心，促进引资与引智相结合，进一步发挥外资企业在促进中国贸易和经济社会发展中的积极作用。

三、深化对外经贸和投资合作，"走出去"带动贸易发展

目前，中国"一带一路"倡议和国际投资与产能合作已初见成效，未来通过进一步深化经贸和投资合作，将由"走出去"的中国企业带动中国产品、技术、标准、服务出口。具体来说，"一带一路"沿线国家基础设施建设需求较大，将带动大型成套设备、技术、标准和服务出口。中国优势产业产能合作，会带动较高技术水平的核电、发电及输变电、轨道交通、工程机械、汽车制造等行业企业到沿线国家投资。在轻工纺织、食品加工、农牧渔业等劳动密集型行业，

也有较多深度合作机遇，并带动双边贸易的转型升级，实现共赢。

四、推进全球经济治理体系改革，推动引领国际经贸规则制定

中国目前正在由适应国际经贸规则为主，向主动参与国际经贸规则制订转变。通过继续深入参与多边贸易体制运作、广泛参与出口管制国际规则和管制清单制订等，推进全球经济治理体系改革。通过积极参与全球价值链合作、加强贸易增加值核算体系建设、建立健全全球价值链规则制订与利益分享机制等，推动引领国际经贸规则制定，在全球贸易的发展中展现更多中国智慧、贡献更多中国力量。

第三章　中国服务贸易发展历程、经验和未来发展方向

　　在中国服务贸易快速增长的同时，应该看到，服务贸易发展过程中仍存在许多问题，尤其是服务贸易结构不平衡，逆差逐年上升等。中国服务贸易出口主要集中在旅游、运输和其他商业服务等传统的可以充分利用劳动力资源和自然资源丰富的服务项目上；服务贸易逆差则主要集中在以运输、保险为代表的资本密集型和知识、技术密集型服务产品上。从服务贸易内部区域结构上看，主要集中在东部沿海发达地区，中、西部和东北地区的服务贸易与东部地区相比则有较大差距；从外部区域结构上看，主要集中在美、日、欧、香港等发达国家和地区。一个国家服务贸易的发展是否均衡需要从供求两方面来分析，从供给层面看，中国服务业现阶段的竞争力还有待进一步提升，特别是与发达国家服务业在质的层面存在较大差距，就表现为服务贸易出口结构还停留在初级阶段，作为全球服务市场供给者，在附加值含量更高、对技术水平要求更高的服务业细分行业供给不足，囿于国内服务业竞争力相对较低，国外市场的有效需求也尚未形成，进一步制约了中国服务贸易出口。从需求层面看，中国服务贸易进口增长过快，一方面与国内服务业供给结构性不足有关，另一方面，内需潜力的极大的释放，居民消费收入的稳

步提升，国内服务市场快速发展，在有效供给不足的情况下，大量国内服务需求转向国外，拉动服务贸易进口提升。而随着中国服务业开放程度的不断深化，服务贸易的长期非均衡发展显然对下一步服务业对外开放带来了较大的风险，并且在经济全球化条件下，各国服务业发展相互融合的趋势愈加明显，服务业对外开放与中国服务业的下一步发展、国内产业结构转型升级以及服务贸易等息息相关。

第一节　中国服务贸易发展现状及结构特征

一、服务贸易规模不断扩大，逆差持续增大

中国服务贸易总额保持较快增长，服务贸易增速快于货物贸易。2017 年，中国服务贸易继续保持扩张态势。根据商务部数据，全年服务贸易进出口总额达到 6956.8 亿美元，同比增长 5.1%，其中出口 2280.9 亿美元，同比增长 8.9%，进口 4675.9 亿美元，同比增长 3.4%，这是 7 年来出口增速首次超过进口增速。

表 3-1　2000—2016 年中国服务贸易进出口情况

年份	中国出口占世界比重（%）	中国进口占世界比重（%）	中国进出口总额（亿美元）
2000	2.0	2.5	660
2001	2.2	2.6	719
2002	2.5	3.0	855
2003	2.5	3.1	1013

续表

年份	中国出口占世界比重（%）	中国进口占世界比重（%）	中国进出口总额（亿美元）
2004	2.8	3.4	1337
2005	3.0	3.5	1571
2006	3.2	3.8	1917
2007	3.6	4.1	2509
2008	3.9	4.5	3045
2009	3.9	5.1	2867
2010	4.6	5.5	3624
2011	4.4	6.1	4191
2012	4.4	6.5	4706
2013	4.5	7.6	5396.4
2014	4.6	8.1	6043.4
2015	4.9	9.6	7130
2016	4.31	9.58	6571.1

数据来源：WTO 国际贸易统计数据库（International Trade Statistics Database），商务部服贸司。

　　服务贸易逆差持续增大。自 1992 年以来，中国服务贸易除了在 1994 年为顺差外，其余年份都为逆差，并且近年来逆差规模不断加大，2017 年，服务贸易逆差额达到 2395 亿美元，与 2016 年基本持平。服务贸易逆差主要集中于旅行、运输两大传统领域。中国服务贸易逆差主要与中国服务业发展相对滞后、服务出口能力不足、服务贸易促进体系不够完善等有关。然而，中国其他新兴服务贸易领域均有不同程度顺差，在一定程度上缓解了中国服务贸易长期逆差过大的局面，例如，2017 年金融服务顺差 20.8 亿美元，电信计算机和信息服务顺差 85.9 亿美元，维护和维修服务顺差 36.6 亿美元，其他商业服务顺差 186.8 亿美元。

表 3-2　2000—2017 年中国服务贸易差额

单位：亿美元

年份	出口额	进口额	逆差
2000	301	359	58
2001	329	390	61
2002	394	461	67
2003	464	549	85
2004	621	7169	95
2005	739	832	93
2006	914	1003	89
2007	1217	1293	76
2008	1464	1580	116
2009	1286	1581	295
2010	1702	1922	220
2011	1821	2370	549
2012	1905	2801	896
2013	2105.9	3290.5	1184
2014	2222.1	3821.3	1599.3
2015	2881.9	4248.1	1366.2
2016	2072.8	4498.3	2425.5
2017	2280.9	4675.9	2395

数据来源：WTO 国际贸易统计数据库（International Trade Statistics Database）。

从服务贸易出口、进口、逆差的同比增速看，在金融危机前，除了在 2004 年和 2005 年进口增速出现较大的波幅外，进口和出口增速相差并不大；2008 年金融危机爆发以来，服务贸易出口增速在 2009 年出现大幅下滑，随后有所反弹，但又逐渐降至 2012 年的

4.6%。从总体看，2008 年金融危机后服务贸易出口增速显著低于进口增速，导致服务贸易逆差自金融危机以来增长迅猛，同时，全球各国服务进出口总额占对外贸易总额的比重为 20% 左右，中国当前的表现明显低于这一标准。

表 3-3　中国服务贸易进口、出口以及逆差同比增速

年份	出口额	进口额	进出口差额
2001	9.3%	8.6%	5.2%
2002	19.8%	18.2%	9.8%
2003	17.8%	19.1%	26.9%
2004	33.8%	1205.8%	11.8%
2005	19.0%	−88.4%	−2.1%
2006	23.7%	20.6%	−4.3%
2007	33.2%	28.9%	−14.6%
2008	20.3%	22.2%	52.6%
2009	−12.2%	0.1%	154.3%
2010	32.3%	21.6%	−25.4%
2011	7.0%	23.3%	149.5%
2012	4.6%	18.2%	63.2%
2013	10.5%	17.5%	32.1%
2014	5.5%	16.1%	35.1%
2015	29.7%	11.2%	−14.6%
2016	−28.1%	5.9%	77.5%
2017	10.0%	3.9%	−1.3%

数据来源：作者自行测算。

二、服务贸易结构逆差结构

从服务贸易逆差行业结构具体看，中国服务贸易出口结构中以

金融服务、计算机和信息服务、咨询、广告宣传等为代表的新兴服务增长明显。另一方面，传统服务如运输、旅游的进出口额在服务贸易进出口总额中比重仍持续上升。其中，运输服务、旅游服务是服务贸易逆差的两大主要来源。受金融危机以及欧债危机的影响，中国旅游服务出口激剧减少而进口不断增加，导致旅游服务自 2009年首次出现逆差后，逆差额保持不断上升的态势。此外，保险服务、专有权利使用费和特许费构成服务贸易逆差的第三、第四大来源。

表 3-4　2008—2016 年中国服务贸易具体部门差额

单位：亿美元

年份	2008	2009	2010	2011	2012	2013	2014	2015	2016（亿人民币）
差额	-116	-295	-220	-549	-896	-1220.64	-1599.3	-1366.2	-17097.2
运输服务	-119.1	-230.1	-290.5	-448.7	-469	-566.82	-579	-488	-2685.5
旅游	46.9	-40.3	-90.7	-241.2	-519	-804.15	-1078.9	-1237.4	-15969.4
通信服务	0.6	-0.1	0.8	5.4	2.0	0.57	-4.9	—	—
建筑服务	59.7	36.0	94.2	110.0	86.0	67.14	104.9	62	261.5
保险服务	-113.6	-97.1	-140.3	-167.2	-173.0	-180.57	-179.4	-30	-503.7
金融服务	-2.5	-2.9	-0.6	1.0	2.0	5.18	-9	-4	106.1
计算机和信息服务	30.9	32.8	62.9	83.4	107.0	94.9	98.6	155.9	922.8
专有权利使用费和特许费	-97.5	-106.4	-122.1	-139.6	-167.0	-200.82	-219.7	-209.1	-1512.9
其他商业服务	28.9	59.2	184.1	140.1	88.0	379.76	97.4	—	—

数据来源：中国商务部网站。

注：2015 年按《国际收支手册（第六版）》标准统计，2016 年为外管局数据。

传统服务行业依旧占比较大。2017 年服务贸易进出口总额最大的为旅游服务，达到 2935.9 亿美元，同比下降 3.9%，这与中国旅行服务贸易统计口径调整优化有关，同期旅行服务占服务贸易总额的 42.2%。其次为运输服务，达到 1300.5 亿美元，同比增长 13.7%，这与中国货物贸易实现 14.2% 的较高增速带动国际运输服务有关，同期运输服务贸易占服务贸易总额 18.7%。

新兴服务行业增速远超传统服务业。2017 年新兴服务进口 7271.7 亿元，增长 10.6%，新兴服务出口 7328.4 亿元，增长 11.5%。其中，电信计算机和信息服务、知识产权使用费和个人文化娱乐进口同比分别增长 54.9%、21% 和 30.6%，而知识产权使用费、金融服务、维修维护出口分别增长 316.6%、30%、18.2% 和 15.7%。

从服务贸易方式看，服务贸易共存在四种提供方式，即跨境交付、境外消费、商业存在、自然人流动，其中，外国附属机构在中国的服务销售额的进一步增长，主要是因为中国服务贸易发展相对滞后，在一定程度上无法满足国内服务需求，特别是高端服务的需求；而相应的，外国的高端服务正好弥补了国内相关服务的不足，在中国服务市场具有较强的占有优势，这在很大程度上提示应该努力改变中国的服务贸易方式结构，提高高端服务质量和国际竞争力。

表 3-5　中国服务贸易方式结构特点

贸易方式	构成比例（%）
跨境交付	39
境外消费	10~18
商业存在	45
自然人流动	1~2

资料来源：根据 WTO 国际贸易统计数据库（International Trade Statistics）（2010）数据整理而得。

第二节　中国服务贸易逆差的影响因素分析

一、服务供给不足和需求相对过快增长共同导致了服务贸易逆差快速增长

一个国家或地区向国际市场提供服务的能力直接受国内服务业发展水平的影响。中国服务业发展缓慢，一定程度上构成了中国服务贸易连续十多年出现逆差的原因。通常用服务业增加值占 GDP 的比重来衡量一国的服务业发展水平。2000—2016 年，中国服务业增加值占 GDP 的比重总体上呈上升趋势，由 2000 年的 39% 增加到 2016 年的 51.6%。而主要发达国家服务业增加值占 GDP 的比重已超过 70%，在中低收入国家这一比重平均为 43%。相对于发达国家，服务业增加值占 GDP 的比重仍然不高，表明中国服务业的发展空间仍然很大。

表 3-6　2000—2016 年中国服务业增加值占 GDP 的比重情况

年份	服务业增加值（亿元）	服务业增加值占 GDP 的比重（%）
2000	38714.0	39.0
2001	44361.6	40.5
2002	49898.9	41.5
2003	56004.7	41.2
2004	64561.3	40.4
2005	74919.3	40.5
2006	88554.9	40.9
2007	111351.9	41.9

续表

年份	服务业增加值（亿元）	服务业增加值占 GDP 的比重（%）
2008	131340	41.8
2009	148038	43.4
2010	173596	432
2011	204982.5	43.3
2012	231626	44.6
2013	262204	46.1
2014	307000	48.2
2015	341567	50.5
2016	384221	51.6

数据来源：《中国统计年鉴》。

部分行业仍有比较优势，但服务业整体竞争力相对较弱。一般而言，对各国服务业竞争力的分析通常从服务业开放程度、出口市场占有率、RCA 指数[①] 等竞争力指标进行比较，来具体定位一个国家服务业发展在全球所处的地位。根据 UNCTAD 数据库对服务贸易的划分，服务业被分为 11 大类，各国每一类的 RCA 指数测算结果如表 3.7 所示：计算所涉国家和服务部门较多，无法一一列出，且

---

① 显示性比较优势指数（RCA）是美国经济学家巴拉萨于 1976 年提出的一个具有较高经济学价值的竞争力测度指数，它可用来衡量一国某类产品占其出口总值的份额与该类商品占世界出口份额的比重，将其用于服务贸易，则反映一国服务贸易出口量占世界服务贸易出口量的比重。用公式表示为：$RCA = (X_{ij}/Y_i) / (X_{mj}/Y_m)$。

其中，X_{ij} 表示 i 国 j 类产品出口额，Y_i 表示 i 国全部产品出口额，即包括商品出口额与服务贸易出口额；X_{mj} 表示世界 j 类产品出口额，Y_m 表示全世界产品出口额。当 RCA 大于 1 时，j 产品在 i 国的出口份额超过了该产品在世界的出口份额，说明 i 国 j 产品具有较强的比较优势；当 RCA 小于 1 时，j 产品在 i 国的出口份额低于该产品在世界的出口份额，说明 i 国 j 产品属于比较劣势的产品。

2016 年许多国家的服务业细分行业数据不全，所以本文只选出 2015 年一年数据进行研究和比较分析。通过比较代表性国家的服务业细分行业 RCA 可以看出，中国、韩国、巴西、印度具有优势的部门主要集中于运输服务业、旅游、通信服务、建筑服务、政府服务、计算机和信息服务、专利权使用服务。这也说明目前新兴市场国家具竞争力的部门主要还是集中于资源密集型、劳动密集型、技术含量低和附加值小的传统服务业，技术密集型、附加值高的新兴服务业竞争力较弱，尤其是专利权使用方面，没有一个新兴市场国家具有竞争优势。就中国而言，具有竞争力优势的仅有建筑服务一项，其余部门都处于竞争劣势；而欧美等发达国家各部门普遍都具有较高的竞争力，欧盟和美国分别在服务业 11 和 8 个部门上具竞争力优势。

表 3-7　2015 年各国服务业细分行业 RCA 指数

国家	交通和运输业	旅游	通信	建筑	保险	金融服务	计算机和信息	专有权利使用费和特许费	私人部门、文化和娱乐服务	政府服务	其他商业服务
中国	0.44	0.5	0.18	1.45	0.34	0.03	0.54	0.03	0.40	0.11	0.58
巴西	0.51	0.47	0.23	0.01	0.4	0.65	0.07	0.16	0.12	1.81	1.38
印度	1.02	0.84	0.81	0.39	1.35	1.01	9.05	0.05	0.49	0.4	1.85
韩国	1.46	0.41	0.27	4.87	0.18	0.37	0.06	0.52	0.9	0.55	0.59
欧盟	1.25	1.01	1.46	1.17	1.53	1.43	1.52	1.01	1.88	0.81	1.4
美国	0.99	1.53	8.19	0.31	1.73	2.56	0.69	4.57	0.27	2.78	1.17

资料来源：根据 UNCTAD 网站数据计算。

国内服务业需求增速相对较快。从细分行业的层面来看，运输、旅游等行业服务贸易进口的比重相对高于其出口比重，意味着国内

服务业需求增速相对较快，导致服务贸易逆差进一步扩大。

表 3-8　中国服务贸易差额行业结构

单位：亿美元

年份	运输	旅游	通信	建筑	保险	金融	计算机和信息	专有权利使用费和特许费	咨询	广告、宣传	电影、音像	其他商业服务
2000	−67.3	31.2	11.0	−3.9	−23.6	−0.2	0.9	−12.0	−2.8	0.2	−0.3	9.7
2001	−66.9	38.8	−0.6	−0.2	−24.8	0.2	1.2	−18.3	−6.1	0.2	−0.2	15.4
2002	−78.9	49.9	0.8	2.8	−30.4	−0.4	−5.0	−29.8	−13.5	−0.2	−0.7	38.3
2003	−103.3	22.2	2.1	1.1	−42.5	−0.8	0.7	−34.4	−15.7	0.3	−0.4	85.9
2004	−124.8	65.9	−0.3	1.3	−57.0	−0.4	3.8	−42.6	−15.8	1.5	−1.4	74.7
2005	−130.2	75.4	−1.2	9.7	−66.5	−0.1	2.2	−51.6	−8.6	3.6	−0.2	75.0
2006	−133.5	96.3	−0.3	7.0	−82.8	−7.5	12.2	−64.3	−5.6	4.9	0.2	84.3
2007	−119.5	74.5	0.9	24.7	−97.6	−3.3	21.4	−78.5	7.2	5.8	1.6	86.8
2008	−119.1	46.9	0.6	59.7	−113.6	−2.5	30.9	−97.5	46.1	2.6	1.6	28.9
2009	−230.1	−40.3	−0.1	36.0	−97.1	−2.9	32.8	−106.4	52.1	3.6	−1.8	59.2
2010	−290.5	−90.7	0.8	94.2	−140.3	−0.6	62.9	−122.1	76.8	8.5	−2.5	184.1
2011	−448.8	−241.2	5.4	110.0	−167.2	1.0	83.4	−139.6	98.1	12.5	−2.8	140.1
2012	−469.5	−519.5	1.4	86.3	−172.7	−0.4	106.1	−167.1	134.3	19.8	−4.3	88.6
2013	−566.8	−769.2	0.3	67.7	−181.0	−5.0	94.5	−201.5	169.5	17.7	−6.4	195.5
2014	−580	−1833	−5	105	−179	−4	95	−219	166	12	−7	282
2015	−467	−2048	—	65	−38	−3	146	−209	—	—	—	189
2016	−468	−2167	—	44	−87	12	139	−228	—	—	—	145
2017	−558	−2161	—	154	−64	21	86	−238	—	—	—	186

数据来源：Wind 数据库。

对逆差最大的前四大行业，即运输、旅游、保险、专有权利使用费和特许费具体分析，可以发现，从服务贸易出口和进口构成来看，位居逆差前二位的运输、旅游在服务贸易出口和进口中所占比重均较高，但进口比重相对高于出口比重。自 1997 年以来，运输服务进口所占比重基本维持在 25%—35% 左右，高于其在服务贸易出口中所占比重；对于旅游服务而言，旅游服务出口所占比重在 21 世纪初超过 50%，随后一路下滑，而与此同时，随着出境游的迅猛发展，旅游服务进口则上升至 40%。中国旅游服务贸易逆差主要集中在中国香港、美国、日本、英国、加拿大等，除去对香港的逆差，基本能实现平衡。但 2009 年中国出境旅游消费开始超过了入境旅游外汇收入，但从入境游看，并没有相应增长。2000—2007 年，中国入境旅游人数以及入境旅游外汇收入一直保持相对平稳的增长态势（2003年非典导致的特殊情况除外），但从 2008 年开始，入境旅游人数开始出现负增长，之后增长陷入停滞状态。而旅游贸易这一突然逆转的情况与中国城镇居民人均收入、人民币升值的带动是密不可分的。

对于保险和专有权利使用费和特许费服务贸易而言，其在进出口构成中所占比重均较小，并且都呈持续上升趋势，但其在进口构成中所占比重不仅较高并且增速较快，反映了这两个行业的供给能力在中国处于逐步发展壮大阶段，但相应的需求增长更快，导致国内服务业企业供给缺口较大。

表 3-9　中国服务贸易出口构成

单位：%

年份	运输	旅游	通信	建筑	保险	金融	计算机和信息	专有权利使用费和特许费	咨询	广告、宣传	电影、音像	其他商业服务
1997	12.06	49.27	1.11	2.41	0.71	0.11	0.34	0.22	1.41	0.97	0.04	31.34
1998	9.64	52.77	3.43	2.49	1.61	0.11	0.56	0.26	2.17	0.88	0.06	26.01

续表

年份	运输	旅游	通信	建筑	保险	金融	计算机和信息	专有权利使用费和特许费	咨询	广告、宣传	电影、音像	其他商业服务
1999	9.25	53.88	2.25	3.77	0.78	0.42	1.01	0.28	1.07	0.84	0.03	26.41
2000	12.18	53.84	4.46	2.00	0.36	0.26	1.18	0.27	1.18	0.74	0.04	23.50
2001	14.09	54.07	0.82	2.52	0.69	0.30	1.40	0.33	2.70	0.84	0.08	22.13
2002	14.53	51.76	1.40	3.17	0.53	0.13	1.62	0.34	3.26	0.95	0.08	22.25
2003	17.05	37.53	1.38	2.78	0.67	0.33	2.38	0.23	4.06	1.05	0.07	32.47
2004	19.45	41.48	0.71	2.36	0.61	0.15	2.64	0.38	5.08	1.37	0.07	25.70
2005	20.87	39.64	0.66	3.51	0.74	0.20	2.49	0.21	7.20	1.46	0.18	22.85
2006	22.99	37.13	0.81	3.01	0.60	0.16	3.24	0.22	8.57	1.58	0.15	21.54
2007	25.75	30.61	0.97	4.42	0.74	0.19	3.57	0.28	9.52	1.57	0.26	22.12
2008	26.23	27.89	1.07	7.05	0.94	0.22	4.27	0.39	12.39	1.50	0.29	17.76
2009	18.33	30.85	0.93	7.36	1.24	0.34	5.06	0.33	14.48	1.80	0.08	19.20
2010	20.09	26.91	0.72	8.51	1.01	0.78	5.44	0.49	13.37	1.69	0.07	20.90
2011	19.53	26.62	0.95	8.09	1.66	0.47	6.69	0.41	15.59	2.21	0.07	17.73
2012	20.43	26.27	0.94	6.43	1.75	0.99	7.59	0.55	17.56	2.49	0.07	14.92
2013	17.90	24.50	0.80	5.10	1.90	1.40	7.30	0.40	19.30	2.30	0.10	19.10
2014	17.43	20.08	0.82	7.03	2.10	2.05	9.22	0.32	19.58	2.28	0.09	31.45
2015	17.66	20.5	—	7.64	2.29	1.05	11.80	0.50	—	—	—	26.72
2016	16.13	21.19	—	6.06	2.00	1.53	12.65	0.57	—	—	—	27.64
2017	16.26	16.97	—	10.52	1.75	1.62	12.19	2.10	—	—	—	26.96

数据来源：Wind 数据库。

表 3-10　中国服务贸易进口构成

单位：%

年份	运输	旅游	通信	建筑	保险	金融	计算机和信息	专有权利使用费和特许费	咨询	广告、宣传	电影、音像	其他商业服务
1997	35.87	29.32	1.05	4.36	3.77	1.17	0.83	1.96	1.69	0.87	0.16	18.95

续表

年份	运输	旅游	通信	建筑	保险	金融	计算机和信息	专有权利使用费和特许费	咨询	广告、宣传	电影、音像	其他商业服务
1998	25.55	34.78	0.79	4.23	6.64	0.62	1.26	1.59	2.86	1.00	0.15	20.54
1999	25.51	35.09	0.62	4.97	6.20	0.54	0.72	2.56	1.69	0.71	0.11	21.28
2000	28.99	36.57	0.67	2.77	6.89	0.27	0.74	3.57	1.78	0.56	0.10	17.06
2001	29.01	35.64	0.84	2.17	6.95	0.20	0.88	4.97	3.85	0.66	0.13	14.72
2002	29.54	33.42	1.02	2.09	7.04	0.19	2.46	6.76	5.71	0.86	0.21	10.70
2003	33.24	27.69	0.78	2.16	8.32	0.42	1.89	6.47	6.29	0.83	0.13	11.78
2004	34.28	26.74	0.66	1.87	8.55	0.19	1.75	6.28	6.61	0.98	0.25	11.84
2005	34.20	26.16	0.73	1.95	8.66	0.19	1.95	6.40	7.43	0.86	0.19	11.29
2006	34.26	24.24	0.76	2.04	8.80	0.89	1.73	6.61	8.36	0.95	0.12	11.22
2007	33.48	23.04	0.84	2.25	8.25	0.43	1.71	6.34	8.40	1.03	0.12	14.11
2008	31.85	22.88	0.96	2.76	8.06	0.36	2.00	6.53	8.57	1.23	0.16	14.63
2009	29.46	27.64	0.77	3.71	7.15	0.46	2.04	7.00	8.49	1.24	0.18	11.87
2010	32.92	28.56	0.59	2.64	8.20	0.72	1.54	6.79	7.85	1.06	0.19	8.94
2011	33.94	30.63	0.50	1.57	8.33	0.32	1.62	6.21	7.84	1.17	0.17	7.71
2012	30.65	36.40	0.59	1.29	7.35	0.69	1.37	6.34	7.15	0.99	0.20	6.98
2013	28.70	39.10	0.50	1.20	6.70	1.00	1.80	6.40	7.20	1.00	0.20	6.30
2014	22.22	52.51	0.53	1.13	5.20	1.13	2.47	5.22	6.08	0.88	0.21	9.40
2015	19.59	57.36	—	2.34	2.02	0.60	2.57	5.05	—	—	—	9.07
2016	17.83	57.75	—	1.84	2.85	0.44	2.79	5.31	—	—	—	9.60
2017	19.87	54.49	—	1.84	2.22	0.34	4.11	6.12	—	—	—	9.17

数据来源：Wind 数据库。

二、政策层面因素分析

基于以上供给和需求层面的分析，可以看出，缓解服务逆差的

相应策略也应主要从促进供给能力的提升方面着手，而近年来中国促进服务业发展方面出台的主要政策措施也大致从供给和需求两个层面着手，即扩大服务业开放水平和扩大内需，为服务业发展提供市场，反向拉动服务业竞争力的提升。而这两大类政策是否能够真正缓解服务贸易逆差仍值得商榷。

一是服务业开放政策没有直接作用于服务贸易逆差的缓解。中国服务业开放存在结构性问题，在一些行业外资开放度与其自身发展不匹配，服务业开放度高的行业逆差也相对较高。以运输、仓储为例，中国物流服务领域加入世贸组织时承诺开放程度并不高，如允许外国服务提供者在华设立合营船公司，但外资比例不应超过注册资本金的49%，合营企业董事会主席和总经理应由中方指定；允许设立合资航空运输公司，但要求中方控股或处于支配地位等。但是，在实际开放进程中经常给予外资企业更多的便利和优惠，外资公司在国内已经基本享有国民待遇，在某些方面甚至享受超国民待遇。

表3-11 中国服务贸易开放度和服务业外商直接投资

单位：%，亿美元

年份	服务贸易依存度（%）	服务业外商直接投资（亿美元）
2000	5.545	67.15
2001	5.480	73.73
2002	5.934	77.47
2003	6.220	75.78
2004	7.125	140.57
2005	7.017	149.2
2006	7.108	199.14
2007	7.221	309.84
2008	6.768	379.49

续表

年份	服务贸易依存度（%）	服务业外商直接投资（亿美元）
2009	5.778	385.28
2010	5.994	499.64
2011	5.661	582.56
2012	5.743	571.97
2013	5.828	614.97
2014	6.2960	662.4
2015	6.0201	771.8
2016	5.8903	955.6

资料来源：根据 UNCTAD 网站数据计算，商务部网站。

　　此外，外资企业规模较大。大量境外企业通过在国内设立控股的合资、合作服务企业或独资服务业企业、分支机构对中国境内提供服务。而国内物流企业规模和竞争力与外资企业相比差距仍较大，企业普遍规模较小，运力有限，缺乏比较完善的物流基础设施、物流管理信息技术、经营管理体制和现代化的服务手段，市场份额相对较小。从货源组织环节来看，国内企业竞争弱势明显，大量的货物仍然掌控在实力雄厚的外资物流服务商或是中外合资的物流服务商手中；且外资企业多为提供综合物流服务的企业，经营效益较好，盈利水平比国内货运企业高 5—15 倍。

　　在现阶段货物贸易迅速增长与服务业产能不足的矛盾突出的情况下，货物贸易的大幅度增长必然带来对相关生产者服务需求的大幅度上升，而大量的市场份额被外国企业所占有，导致服务业进口额大幅增加。尤其是运输业等高投入、高风险的资本和人力密集型产业，难以在短期内通过提高物流服务的供给能力来满足货物贸易对物流的需求，只能依靠进口来弥补。从中国服务业细分行业的开放度水平来分析，近年来旅游、运输、咨询、其他商业服务、保险、专有权利使用费和特许费排在前五位，成为服务业细分行业中开放度相对较高的行业，其中，逆差最大的运输、旅游、保险服务、专有权利使用费和特许费等行业相应的开放度也相对较高[1]，特别是运输和旅游服务业，同时成为中国服务业中开放度最高和逆差最高的行业。

表 3-12　中国服务业细分行业开放度

年份	运输	旅游	通信	建筑	保险	金融	计算机和信息服务	专有权利使用费和特许费	咨询	广告、宣传	电影、音像	其他商业服务
2012	0.015	0.018	0.000	0.002	0.003	0.000	0.003	0.002	0.006	0.001	0.000	0.011
2013	0.014	0.019	0.000	0.002	0.003	0.001	0.003	0.002	0.007	0.001	0.000	0.011
2014	0.013	0.026	0.000	0.002	0.003	0.001	0.003	0.002	0.007	0.001	0.000	0.010
2015	0.011	0.027	—	0.002	0.001	0.000	0.003	0.002	—	—	—	0.009
2016	0.01	0.027	—	0.002	0.002	0.000	0.003	0.002	—	—	—	0.009
2017	0.011	0.024	—	0.002	0.001	0.000	0.004	0.003	—	—	—	0.009

资料来源：Winds 数据库，作者自行计算。

二是扩大内需政策对中国服务贸易进口和出口的影响尚不确定。从理论层面看，一般而言，服务贸易逆差由国内供给能力和国内服务需求共同决定，从需求层面看，服务需求主要来自两个方面，一是来自生产的需求，即生产者需求，许多服务贸易是伴随着货物贸易而发生的，如国际货运服务、保险服务、进出口信贷服务和维修

---

① 根据服务业细分行业服务贸易进出口总额占国民生产总值的比重计算得出。

服务等。根据波特的理论，跨国商务活动是产业国际竞争力的重要影响因素，在货物出口市场上领先的国家或地区积累了丰富的国际商务经验，有助于顺利开展国际服务贸易。同样，一个国家或地区对国外服务的需求还受它对国外货物需求的影响，原因在于许多货物进口会引致相应的服务进口。二是来自消费的需求，即消费者需求。生产者服务需求受国内经济规模的影响，国内经济规模越大，对生产者服务的需求越大；后者受收入水平的影响，收入越高，对服务的消费需求越高。国内服务需求越高，越能推动国内服务业的发展，从而向国际市场提供服务的能力也越强。但是，从近年来中国服务贸易结构看，服务内需的扩大从两方面导致服务出口受到抑制，一是服务对象主要在国内，出口动机受到抑制，尤其是国内经济规模大，服务业供给以满足内需为主；二是服务需求中很大一部分转向国外，如出境游的迅速增长等导致服务进口提升得较快。

三是政策体系不科学与政府服务不到位。从政策层面看，一是国内关于服务贸易政策内容不完整，彼此不协调。有些文件三四千字，实质内容不过百字。有些政策缺乏整合，文件套文件，别说政策对象，即使是执行部门也难一目了然。有的行政审批环节互为前置，相互制约。二是操作性差，落实困难。一些政策仅是提出"鼓励"和"支持"等方向性政策，既宏观又笼统，政策执行主体、责任主体不明确，政策执行程序不清楚，没有切入点和具体抓手，企业无所适从。政府服务方面，一是审批手续仍然复杂，周期过长。如许多服务业从业人员需要频繁进行国际交流，但中国现行的出入境管理办法很难适应这一要求。二是政务信息不够完备和公开。如某外资医院反映，医院主要接诊外国病人，但却无从知道中国常住外国人的数量，难以提供确实适合市场需求的医疗服务。三是对一

些服务价格管制过死。某国际学校反映，由于近几年员工工资上涨以及物价上涨，成本增加，但学校收费价格一直没有变化，承受较大压力。四是市场监管尚存漏洞。比如，旅游企业反映各类旅游景点的黑导、黑车以及各类冒充知名旅游公司旗号组织"一日游"等违法行为仍然大量存在。五是政会不分仍然比较突出。管理体制滞后，分布结构不合理，行业代表性不强，内部机制不健全，很多行业协会仍是政府的应声虫，不能反映企业的诉求。六是某些类型企业主体间存在一定的不平等竞争。比如同为文化服务企业，国有事业单位转制的企业可以享受大量税收优惠，而外资企业和民营企业就不在优惠之列。

第三节　中国服务贸易发展的主要经验

在服务贸易领域，中国面临的一项重要任务就是扩大开放，在市场准入等方面进行制度改革，并形成可复制、可推广的经验，进一步在全国范围内推行相关成功做法，目前，在贸易便利化、金融创新等领域的制度创新过程中，中国已经形成了一批可复制、可推广的试验成果。

一是扩大开放的同时注重国内相关改革同时推进。通过开放倒逼国内相关改革，服务贸易领域的开放政策在解决市场准入问题和为服务业发展注入外部活力的同时，进一步加大了国内服务业改革力度，破除制约服务业和服务贸易发展的国内规制，只有通过改革本国服务业发展的体制机制，把进一步扩大开放转化为服务业改革的动力，才能激活服务贸易市场竞争活力。因此，必须把改革与开放结合起来，以开放推动服务业体制机制和管理创新，以开放促发展、促改革、促创新。

二是大力发展服务贸易新业态。2015 年，李克强总理在《政府工作报告》中首次提出"互联网 +"的概念，精准概括了近两年来服务贸易发展中的新动向。在以互联网为首的技术进步浪潮中，服务贸易领域内的各个细分部门边界开始模糊，逐渐发生交互与融合，从而产生了新兴的产业形式，即服务贸易的新业态，包括跨境电子商务、互联网金融、现代物流与国际快递等，同时具有技术密集型与知识密集型的特点。这些新业态的迅速发展将对中国服务贸易均衡发展，进一步释放企业活力产生巨大推动资源，要重点发展新型服务贸易，同时改造升级传统服务贸易；要营造大力促进服务贸易发展的政策环境。推动以技术、业务流程、管理和制度创新为主要内容的服务创新，通过模仿和学习，以及再创新掌握新业态的发展要领，通过新业态下各类新兴服务部门实现"进口替代"，甚至是进一步发挥"出口导向"的服务贸易优势，从而实现在中长期高端服务贸易与货物贸易协调发展。

三是优化国内服务业消费环境。出台相关消费优惠政策，鼓励服务需求转向国内消费，培育消费热点，扩大消费领域，重视消费热点的培育，引导广大居民在服务消费领域形成更为合理的消费观念。加大在文化教育方面的投入，要制定并完善有关环境保护和消费者权益保护的法律法规，营造一个良好的消费社会环境。

四是分类指导、引导外资流向。积极引导外商在中国设立总部、采购中心等，吸引外资流向，引导新建、并购等提升服务业在研究和流通领域的拓展，充分实现外资流向的带动效应，重点把握开放的方向和力度。重点把握国际市场的需求，深度挖掘有潜力的服务

部门，保持其核心地位和国际竞争力，重点培养金融、保险、计算机、通讯等部门，进一步提升其开放空间，提高其在中国服务贸易出口结构中的比重，充分发挥文化、体育、教育等部门产业优势，突出产业特色，扩展国际市场空间。

第四节　中国服务贸易发展方向

当前，中国服务业面临对外进一步开放的国内和国外压力，一方面，国内服务业产业竞争力尚未达到能够自由充分参与国际竞争的程度，还面临着保护本土服务业发展，解决就业等方面的各种压力，并且，各项配套措施和管理程序也尚未跟进，服务贸易开放尚不具备竞争基础和配套环境；另一方面，经济全球化背景下全球服务业各环节相互融合发展，开放是全球服务贸易开放度提升的大势所趋，是提升一个国家服务业竞争力的根本途径，此外，国际投资规则发展的新趋势对中国服务贸易领域相关体制机制的冲击愈发明显，服务贸易竞争力，包括硬实力和软实力均有待进一步提升，未来应从结构优化、政策完善两大方面着手，进一步促进中国服务贸易均衡可持续发展。

一、服务贸易结构变化

一是服务业整体竞争力的提升带动服务贸易供给结构进一步升级。由劳动密集型为主导的传统服务业向知识技术密集型为主导的现代服务业转变，包括服务类别、市场结构等新兴服务贸易比重的提升。新兴服务贸易将发挥主要拉动作用，技术创新成为引领中国经济发展的重要动力，促进中国企业服务产品供给和服务模式更加多样化、个性化，价值链不断向高端发展。

二是服务业进一步扩大开放带动服务贸易需求结构进一步升级。汇丰集团最新发布的《全球贸易展望》调查报告中预测，到2030年全球服务出口额预计将增长到12.4万亿美元，服务贸易占全球贸易总额的比重将达到25%。中国服务出口规模将达到8180亿美元，并将成为全球最大的服务进口国，拥有13.4%的全球份额，领先于美国（占7.7%）和德国（占5.8%）。同时，随着新兴经济体的产业结构加速调整，服务市场规模不断扩大，服务业对外开放程度逐步提高，尤其是中国大幅度开放金融、教育、文化娱乐、医疗、育幼养老、专业服务、电子商务等服务业，放宽外资准入限制，为发达国家服务业进入中国市场提供了有利条件。

三是服务贸易市场结构中新兴经济体的作用将不断提升。新兴经济体成为拉动服务贸易增长的主要引擎，在全球服务贸易中正在发挥越来越大的作用。中国、印度是全球离岸外包的前两大目的地，东南亚、中东欧在承接国际服务外包上也具有明显优势和良好增长态势。尤其是"一带一路"倡议将为中国服务贸易发展带来新机遇，中国与"一带一路"沿线国家服务贸易增长迅速，并成为中国服务贸易国际市场的新增长点。"一带一路"也为中国服务贸易伙伴多元化和国内发展区域多元化提供了更多可能性。据统计，中国与"一带一路"沿线国家之间的货物贸易总额占总对外贸易额约26%，而在国内与"一带一路"沿线国家之间的服务贸易占全国服务贸易总额的份额仅为14%，远低于货物贸易份额，一方面显示出中国开拓"一带一路"沿线国家服务贸易市场不够，另一方面也预示着未来加强同"一带一路"沿线国家服务贸易合作的巨大空间。对于中国传

统服务贸易而言，"一带一路"沿线国家大部分为发展中国家，对传统服务业如交通、建筑、基础设施建设等有巨大的需求，有助于推动中国传统服务贸易出口。对于新兴服务业而言，"一带一路"沿线新兴经济体和转型经济体都在大力推进服务产业转型升级，发展现代服务业，而中国新兴服务业如金融、电子信息技术、互联网等有一定优势，开拓"一带一路"沿线国家市场有较大潜力。

二、服务贸易相关政策未来趋势

在服务贸易自由化方面，目前世界正处于新型全球化和逆全球化交替发展时期，贸易促进政策和贸易限制措施并行发展，但总体上看，自由化与贸易保护并行。一方面，贸易促进政策高于限制措施，反映出贸易自由化仍是大势所趋。近年来，各种区域经济合作或双边自由贸易协定都增强了对服务贸易的关注度，各国政府根据实际情况陆续出台了相关服务贸易促进措施。2009—2016年期间G20国家平均每月出台的贸易促进政策都高于限制政策，其中2016年G20国家平均每月出台贸易促进措施6项，贸易限制措施5项，相当一部分是针对服务贸易的。服务贸易促进措施主要涉及通过商业存在和自然人流动来影响服务供给，也涉及金融服务和通信部门。2016年9月至2017年5月期间G20共出台了30项服务贸易促进措施，其中涉及金融服务7项、航空运输服务8项、ICTS7项、其他服务部门8项。为了优化服务贸易环境，有些G20成员国对影响服务业的外国投资政策进行了修改，如通过加强自然人流动影响扩大供给；有些成员国在与电子交易和数据相关的通信领域采取新的措施等。另一方面，各国出于自身利益考虑，也同时出台了相应的贸易限制措施。服务贸易的保护主义主要表现为国内法规限制性规定，如资格资质要求、参股比例限制、经营范围和地域要求、行政管理的复杂度及透明度，等等，因此服务贸易壁垒更加隐蔽。在跨境交易、境外消费、商业存在、自然人流动四类贸易模式上均可受到政策和规则的影响。尽管各国在放松服务贸易管制方面取得一些进展，但各种管制仍在阻碍服务贸易增长和创新。例如，以国家安全为借口的限制、针对商业存在和自然人的限制、行业限制等壁垒措施仍普遍存在。金融危机之后服务贸易保护主义倾向有所增强。例如，有些国家出台"购买本地服务"，对外国服务提供者进入本国市场和服务活动设置障碍、减少服务外包、对本国服务出口实行隐性补贴，等等。数字贸易发展也将出现新的贸易壁垒，给贸易政策带来新的挑战。除了关税壁垒之外，数字贸易壁垒还包括本地化要求、跨境数据流量限制、知识产权侵权、独特标准或繁重的测试、网络过滤或阻断、网络犯罪曝光、国家主导的商业秘密盗窃等。

第四章　中国利用外资发展历程、经验和未来发展方向

　　对外开放 40 年来，中国利用外资由"试验"到"奇迹"，经历了由少到多，由间接投资到外商直接投资为主，由沿海局部试验到内陆沿边全面开放，形成了中国特色的以对外开放、利用外资促改革和发展的独特道路。中国参与和推动全球化的过程是渐进和务实的，从开放思想和理论的传播，到对外贸易的扩大和利用外资的拓展。开放使中国利用了人类社会发展经济最好的实践成果，享受到全球分工的巨大利益，创造了发展中国家利用外资的奇迹。1993 年，中国已经成为仅次于美国的第二大吸收外国直接投资国。2003 年开始位居世界第一，创造了发展中国家利用外资的奇迹。在全球资本流动放缓的背景下，当前中国仍位列世界第三大外资流入地。

　　中国在改善外商投资环境方面所作的不懈努力，得到了各界的广泛认同和积极评价。联合国贸发会议发布的《2016 年世界投资报告》显示，中国仍是全球最具吸引力的投资东道国之一。中国贸促会研究院发布的《2016 中国投资环境调查报告》显示，七成以上的企业对中国的投资环境较为满意。世界银行《2017 年全球营商环境报告》商业综合环境排名，中国营商便利度近 3 年来在全球跃升了 18 位，平均每年向前跨升 6 位。

第一节　中国利用外资发展背景及历程

利用外资是中国对外开放基本国策的重要内容，是中国特色社会主义经济的伟大实践之一。1978 年，中国利用外资从经济特区"试验"起步，逐步全面展开，取得了举世瞩目的成绩。

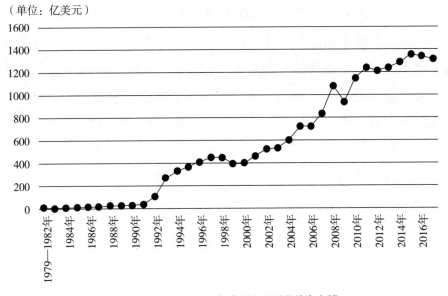

（单位：亿美元）

图 4-1　1979—2017 年中国实际利用外资金额

数据来源：商务部外资统计数据。

一、1978—1991 年，利用外资起步阶段

1978 年中国开始实行对外开放政策，利用外资工作拉开序幕。1979 年全国人大颁布了首部中国引进外国直接投资的法规——《中

外合资经营企业法》。自 1987 年开始，中国逐步建立起了外商直接投资法律和法规体系，对外开放的范围进一步扩大。国家加大了对交通、能源等基础产业和基础设施的投资力度，投资环境得到了较大改善。改革开放初期，资金短缺是长期制约中国经济增长的一个主要因素，当时国家确立了利用外资弥补现代化建设资金不足的长期方针。这一时期利用外资有效解决了中国经济发展中资金与外汇两个方面的重要问题。利用外资的发展对于加强国民经济薄弱环节的建设，引进先进技术设备，加快老企业的技术改造，推动科技进步以及增加出口创汇和劳动就业等都产生了积极作用。

改革开放初期，中国吸收 FDI（对外直接投资）的规模非常有限，主要投向广东、福建两省及其他沿海城市，内陆地区尚未起步。投资来源主要是香港、澳门，来自西方发达国家的投资极少。FDI 主要集中在劳动密集型加工业和酒店服务业。20 世纪 80 年代中后期，一些内陆地区也开始引进 FDI。投资来源地仍主要为香港、澳门，此时台湾开始对大陆进行投资，规模逐年增加。外商投资生产性项目和出口导向型项目大幅度上升。

二、1992—2000 年，利用外资深化发展阶段

1992 年邓小平南方谈话后，中国改革开放出现了崭新局面。外国直接投资进入了深化发展阶段。数据显示，1991 年以前，中国利用外资以间接投资为主，对外借款是吸收外资的主体，对外借款一直占外资的 60%—70%，FDI 比重相对较低。从 1993 年起，中国连续数年成为仅次于美国的第二大 FDI 吸收国。本阶段中国年度实际利用 FDI 超过间接投资额，占主体地位。自此，FDI 成为中国利用外资的核心内容。

从 1996 年起，中国进一步对吸引 FDI 政策进行调整，开始由注重数量向注重质量、效益和优化结构方向转变，具体表现在：一是拓宽外商投资领域。中国进一步扩大对外开放的领域，允许外国投资者在金融、保险、商业、外贸、运输、医疗、电信以及各类中介机构等领域进行投资。二是鼓励外资企业在华设立研究与开发机构。对于外国投资者在中国境内设立的研究与开发中心，给予免征进口生产和进口环节税，对其转让技术免征营业税。三是进一步强化产业政策导向。1997 年 12 月，国家计委、国家经委和外经贸部联合发布经过修订的《外商产业指导目录》，调整对 FDI 实行鼓励、限制和禁止政策的产业范围。四是减少外资企业特殊待遇。从 1996 年 4 月 1 日起，对新批准设立的外资企业总额内进口的设备、自用原材料一律按法定生产率征收关税和进口环节税。五是鼓励外资参与西部大开发。从 2000 年 3 月起，国务院先后颁布了一系列鼓励外资投向西部的优惠政策，主要表现为扩大外资的投资领域和实行税收优惠政策。

本阶段 FDI 呈现以下基本特征：外资到位率提高；第二产业投资所占比重有所上升，第三产业投资所占比重相对下降；FDI 的技术含量明显增加，世界最大的 500 家跨国公司纷纷在中国设立分支机构，FDI 的质量提高；一些内陆省份城市和西部地区投资环境较好的城市已成为新的投资热点；投资来源地以欧美等发达国家为主。

三、2001—2011 年，融入世界规则全面接轨阶段

中国加入 WTO 标志着利用外资进入了一个新时期，利用外资政策法规通过相应调整与 WTO 规则接轨。中国加入 WTO 后在更大范围、更广泛领域参与国际经济合作与竞争，由有限范围的开放转变为全方位的开放；由试点为特征的政策性开放，转变为在法律框

架下的制度性开放；由单方面为主的自我开放，转变为与 WTO 成员国之间的双向开放；由被动接受国际经贸规则，转变为主动参与国际经贸规则制定。

加入 WTO 之前，中国已经根据市场经济体制改革的需要和"入世"谈判时所做出的承诺，修改了有关外商投资企业的法律、行政法规和规章，及时出台了一系列有关外资市场准入的行政法规和规章，并清理了一大批涉外经济法律法规。"国务院 30 多个部门共清理法规文件约 2300 多件，废止 830 多件，修订 325 件"。

一是对外商投资企业法规的修改。为了使中国的外资立法更好地符合国际投资规范，而外商投资企业法也要更加符合 WTO 规则的要求，2000 年 10 月 31 日，全国人大对《中外合资经营企业法》以及《外资企业法》进行了有关条款的修正。2001 年 3 月 15 日，全国人大对《中外合资经营企业法》进行了第二次重大修改。这三次外商投资企业法律的修改，进一步完善了中国外商投资企业法律制度，更加符合 WTO 相关协议的规则。

二是取消与 WTO《与贸易有关的投资措施协议》相违背的法规政策。为了适应加入 WTO 的需要，中国取消了有关外商投资法规与《与贸易有关的投资措施协议》规定不符的内容，包括：取消当地成分要求，取消中国外商投资法律中进口用汇限制（外汇平衡规定），取消"以产顶进""替代进口"的规定，取消销售比例限制措施，取消那些国内法或行政命令项下的强制性或可予强制执行的措施，或为取得优惠地位所必须的措施，以及有关限制措施，删除外商投资法中存在的其他产品出口及进口限制条件的投资措施、出口产品及数量限制措施以及地方性的法规涉及与《与贸易有关的投资措施协议》列举性规定不符的国民待遇和数量限制措施。

　　三是完善外商投资产业政策。按照国家经济和产业发展战略制定的外商投资产业政策，是中国调控外商投资的重要手段。外商投资产业政策内容包括：（1）2002年3月4日批准了新的《外商投资产业指导目录》及附件，对于限制类项目的特定行业企业规定了外资持股比例的限制，这符合《中国加入WTO议定书》及其附件的规定。此后中国政府多次调整《外商投资产业指导目录》，以法规形式将吸收外商投资的产业政策公布，提高了政策的透明度。（2）鼓励外商投资的专案。主要包括：农业新技术、农业综合开发和能源、交通、重要原材料工业专案；高新技术专案；出口创汇专案；综合利用资源和再生资源、防治环境污染的专案；能够发挥中西部地区优势的专案等。积极引导外资投向传统产业和老工业基地的技术改造，继续发展符合产业政策的劳动密集型专案。

　　四是扩大服务业市场准入。加入WTO后，中国服务业扩大对外资的开放，银行、保险、证券、电信、旅游、外贸、商业等行业市场准入机会增加，为外商在华投资提供更广阔的空间。截至2006年，商业、对外贸易、金融、保险、运输、国际货运代理、法律服务、旅游、广告、医疗卫生、会计、资产评估、教育、租赁、工程设计、咨询、房地产等领域已不同程度地向外商开放，服务业对外开放已由过去的个别行业发展为多行业。对服务贸易领域吸收外资先行试点，在试点基础上总结经验，制定法律法规，规范发展，逐步扩大。

　　五是推行税制改革，实现两税合一。2008年1月1日，《中华人民共和国企业所得税法》施行，实现了内外资企业两税合一。中国为吸引投资一直给予外商投资企业低于国内企业税率的优厚待遇的取消，意味着对外商投资企业实现"超国民待遇"向国民待遇的

转变又前进了一大步。

六是建立外资安全审查制度。本阶段以凯雷并购徐工为代表的一系列重大的外资收购引发了国内争议，引起政府与公众对国家产业安全的担忧。外资并购相关政策出现了调整。《利用外资"十一五"规划》对外资并购给出了明确性的指导意见，提出"加强对外资并购涉及国家安全的敏感行业重点企业的审查和监管，确保对关系国家安全和国计民生的战略行业、重点企业的控制力和发展主导权。"2011 年 2 月，国务院办公厅发布了《关于建立外国投资者并购境内企业安全审查制度的通知》，就建立外国投资者并购境内企业安全审查制度作出了指引性规定。自此中国建立了对于外资并购的安全审查制度，对于外资并购的规范起到重要作用。

本阶段中国吸收 FDI 呈现以下基本特征：跨国公司对华投资大项目迅速增加，外商投资的平均项目规模超过前四个阶段；跨国公司进一步扩大在华投资，并推行本土化战略，许多大型跨国公司在中国设立研究与开发（R&D）机构；外商投资独资化，外商独资经营形式超过合资经营，成为外商对华直接投资的主要形式；投资来源地仍以欧美等发达国家的跨国公司为主。中国利用外资的形式逐步多样化，并且利用外资的规模在不断扩大，质量和水平不断提高，更多的外资投向了高新科技产业、现代制造业、节能环保产业和现代服务业。同时，国家严格控制外商投资高污染、高能耗和资源型领域，中西部欠发达地区利用外资有了大幅度提高，内外资政策逐步趋于一致。

四、2012 年至今，利用外资全面提质升级阶段

党的十八大以来，中国发展更高层次的开放型经济，利用外资

进入全面提质升级阶段。本阶段，国际金融危机深层次影响在相当长时期依然存在，世界经济在深度调整中曲折复苏，发达经济体复苏乏力，新兴经济体困难和风险明显加大。国际市场需求疲软态势将维持较长一段时期，全球经济贸易增长乏力。跨国投资波动较大，投资流向发生变化，随着智能制造技术发展，一些跨国公司从离岸外包转向近岸外包甚至在岸生产，部分中高端制造业向发达国家回流，替代部分跨境贸易和投资。区域经济合作方兴未艾，发达经济体积极主导制定新的国际贸易投资规则。中国适应经济全球化新趋势，推进对外开放理论和实践创新，确立开放发展新理念，实施共建"一带一路"倡议，加快构建开放型经济新体制，倡导发展开放型世界经济，积极参与全球经济治理。促进国内国际要素有序流动、资源高效配置、市场深度融合，加快培育国际经济合作竞争新优势。

一是逐步实行负面清单外资准入模式。2013 年 7 月第五轮中美战略与经济对话，双方同意以准入前国民待遇和负面清单为基础进行中美 BIT 协定的实质性谈判。2013 年 9 月上海市政府公布《中国（上海）自由贸易试验区外商投资准入特别管理措施（负面清单）（2013年）》，开启了中国负面清单模式的实践。对负面清单之外的领域，将外商投资项目由核准制改为备案制（国务院规定对国内投资项目保留核准的除外）；将外商投资企业合同章程审批改为备案管理。自 2013 年上海自贸区试行负面清单以来，不断地深化改革、扩大开放，取得了显著成效。2017 年版负面清单包括 40 个条目、95 项措施，与 2015 年版负面清单相比，减少了 10 个条目、27 项措施，开放度大大提升，修订进一步放宽外商投资准入，是实施新一轮高水平对外开放的重要举措。2017 年版负面清单主要在采矿业、制造业、交通运输业、信息和商务服务业、金融业、科学研究和文化等领域扩

大开放。减少的条目包括轨道交通设备制造、医药制造、道路运输、保险业务、会计审计、其他商务服务等 6 条，同时整合减少了 4 条。例如，在制造业领域，取消了外商投资 3 吨及以上民用直升机设计与制造需中方控股的限制，境外投资者可以在自贸试验区范围内先行先试投资设立外商独资企业，从事 3 吨及以上民用直升机设计与制造。

二是坚定扩大开放，大幅度放宽市场准入。习近平总书记 2018 年 4 月在博鳌亚洲论坛的重要讲话进一步明确，中国将大幅度放宽市场准入，扎实推动银行、证券、保险等服务业开放措施落地，推动落实放宽汽车、船舶、飞机等行业外资股比限制的措施，全面放开制造业。将从 2018 年 7 月 1 日起至 2020 年 6 月 30 日在北京等 17 个地区深化试点。重点在电信、旅游、工程咨询、金融、法律等领域推出一批开放举措，同时探索跨境交付、境外消费等模式下服务贸易准入制度，逐步取消或放宽限制措施。

三是全面提升利用外资质量和效益。把利用外资同转变经济发展方式和调整经济结构紧密结合起来，着力引进先进技术、管理经验和高素质人才。鼓励外资参与《中国制造 2025》、"大众创业、万众创新"、"互联网＋"行动计划等战略实施，引导外资投向现代农业、新能源、新材料、生物医药、信息通信、节能环保、智能制造、现代服务业等领域。鼓励外商投资地区性总部、研发中心等功能性机构，鼓励外资研发中心升级为全球研发中心和开放式创新平台，支持外资研发机构参与国内研发公共服务平台建设，提高外资溢出效应。鼓励外资参与国有企业混合所有制改革。引导外资投向中西部地区，提高中西部地区承接产业转移能力，促进东中西地区产业链互动合作。

四是营造稳定公平透明的营商环境，创造更有吸引力的投资环境。促进内外资企业一视同仁、公平竞争，最大程度减少行政审批。

加强事中事后监管，创新外资监管手段，逐步完善外国投资信息报告和信息公示制度，形成各政府部门信息共享、协同监管、社会公众参与监督的外国投资全程监管体系。完善外国投资国家安全审查机制，防范相关风险。推进外资三法修改，制定颁布外国投资法，修订外商投资领域的相关法规规章，完善外资法律体系。完善知识产权和商业秘密保护、网络信息安全等方面的专门法律。推动修订反垄断法，制定经营者集中反垄断审查实施条例，完善经营者集中反垄断审查部门规章及政策性文件。

本阶段，中国利用外资的综合优势仍然明显，服务业开放领域不断扩大，服务业利用外资显著增长，受国内要素成本上升等影响，制造业利用外资压力较大。中国坚持引进来和走出去并重，积极有效引进境外资金、先进技术和管理经验，积极提升利用外资质量和效益。"十二五"期间，实际使用外资金额累计达到6330.5亿美元，2015年利用外资1355.8亿美元，连续24年位居发展中国家首位。服务业实际利用外资占比达到63.8%，比"十一五"末提高了13.5个百分点，成为利用外资的新增长点。

第二节　中国利用外资发展的趋势特点

一、利用外资的产业结构不断优化，高技术、服务及研发领域加快发展

改革开放以来，随着外资的不断流入，中国三大产业利用外资结构也在变化。在初期，利用外资以第二产业居多，第三产业次之，

第一产业则很少。呈现重工业轻商轻农的格局。截至 2006 年，中国累计第二产业合同利用外资占比为 68.3%，第三产业占比为 29.8%。在第二产业内部，外商直接投资主要集中于一般加工业，而基础产业较少；投资于劳动密集型产业较多，而投向资本技术密集型产业较少。外资主要集中在纺织、食品业。在第三产业内部，外资投向房地产、商务服务业的比重迅速提高，截至 2006 年，实际利用外资占比分别为 10.7%、5.9%。而投向交通运输、研发等领域比重较少，截至 2006 年，实际利用外资占比分别为 2.8%、0.6%。

近 10 年来，外商投资的产业结构不断优化。引资的重点领域从过去以传统产业和价值链中低端环节为主，转向现代农业、先进制造业、传统产业改造升级、现代服务业、战略新兴产业和价值链高端环节，促进引才、引智、引技、引资的有机结合；鼓励外商投资地区性总部、研发中心、采购中心、财务管理中心等功能性机构；各地重点引进本地产业链中"瓶颈"产业、"带动力强"的产业，以带动整个产业链的发展等。服务业成为利用外资的新亮点，开放领域不断扩大。截至 2016 年，第三产业合同外资金额达 17932.1 亿美元，占比为 44.7%，比 2006 年提升 14.9 个百分点。外资在研发领域的投资显著增加，2016 年研发领域利用外资占比达 4.9%，远高于 2006 年的 0.6%。据联合国贸发会议资料显示，中国已经取代美国，成为跨国公司海外研发活动的首选地。在制造业内部，中国利用外资的产业结构也持续优化。2017 年高技术产业实际吸收外资同比增长 61.7%，占比达 28.6%，较 2016 年年底提高了 9.5 个百分点，比 2012 年提高了 14.5 个百分点。高技术制造业实际使用外资 665.9 亿元，同比增长 11.3%。高技术服务业实际使用外资 1846.5 亿元，同比增长 93.2%。

二、外商直接投资在区位上呈现由沿海到内地，由南向北逐步推进的趋势

改革开放初期，外商投资企业大部分集中在广东、福建两省以及其他沿海省市，内地吸收外资非常少。1984 年东部地区实际利用外资占比为 94%，中部地区为 2.5%，西部地区为 3.5%。1992 年东部地区实际利用外资占比降至 90%，仍然占绝对优势。2001 年东部地区比重降至 87%。

中国外商投资的区域政策在沿海地区取得成功后，开始将重心转移至中西部地区。当前中国利用外资区域政策的重点是促进地区平衡发展。国家鼓励东部地区外商投资企业向中西部地区转移，引导外资向中西部地区增加投资，加大了政策开放和技术资金配套支持力度。国家补充修订了《中西部地区外商投资优势产业目录》，鼓励外商在中西部地区发展符合环保要求的劳动密集型产业，鼓励外资银行到中西部地区设立机构和开办业务。2007 年以来中国中西部地区利用外资快速增长。2016 年东部地区利用外资占比降至 81.7%，中部地区和西部地区利用外资占比则分别增至 5.3% 和 7.2%。中国从有限范围开放逐步转变为全方位开放。西部大开发战略和"一带一路"倡议的实行有效推进了中国利用外资区域更趋平衡。2017 年中国外资区域布局持续优化。中部地区实际使用外资 561.3 亿元，同比增长 22.5%；西部地区新设立外商投资企业同比增长 43.2%。

三、外商直接投资企业进出口在进出口贸易中占有重要地位

在中国利用外资初期，外商投资企业在进出口中的比重较低。

1986 年仅占 4%，1992 年达到 26.4%。此后外商投资企业进出口出现大幅增长。1996 年后保持在 46%—59% 之间，其中外商投资企业进口占全国进口比重保持在 54%—60% 之间，外商投资企业出口占全国出口比重在 40%—59% 之间。1999 年之前外商直接投资企业进口占全国的比重高于出口占全国的比重，进口比重从 1985 年的 4.9% 猛增到 1998 年的 54.7%，其后 3 年受亚洲金融危机的影响出现下降趋势。

2001 年后，外商直接投资企业进口占全国进口比重继续上升达到 2006 年的 59.7%，在 2007 年以后出现缓慢下降。2016 年外商直接投资企业进出口占全国进出口的 45.8%。此阶段，外商直接投资企业进出口、进口与出口在全国总额中比重的变化趋势总体是一致的，保持在 50%—60% 之间，2001 年至 2006 年呈平缓上升趋势，此后出现缓慢下滑趋势。一方面，中国利用外资从扩大规模进入到提升效益阶段，更加注重引智与引技。另一方面，中国近年来利用外资产业结构迅速升级，服务领域利用外资快速增长。总体看，外商投资企业进出口对中国进出口作出了重大贡献。中国通过利用外资发展外向型经济，有力推动了对外贸易的发展。

第三节　中国利用外资发展的主要经验

一、实施引进消化吸收再创新促进政策，增强外资技术溢出推动创新发展

中国实施"引进消化吸收"政策，通过引进外资而引进国外的

先进技术和管理经验，通过技术的引进和外资的技术扩散效应进一步提升企业的技术水平和创新能力，促进产业结构不断升级和优化。吸引高技术水平的外资流入始终是推动中国创新能力提升的重要途径。

中国鼓励外资企业通过设备和技术进口、直接在华设立研发中心、产品链条的技术延伸、面向协作企业的技术援助、人员培训等方式扩大了技术溢出效应，对技术进步发挥了重要促进作用。对外大力引进发达国家跨国公司高技术直接投资，促进产业技术进步；对内加大中西部地区的引资力度，实现区域经济跨越式发展。重点是引进国外资金中的直接投资，并更注重和鼓励绿地投资方式。相对跨国并购，绿地投资会直接增加生产资本存量、转移更多新技术、创造就业并更难以形成垄断。

无论从宏观层面还是地区和产业层面，中国的创新发展进程都与 FDI 的流入紧密相连。负载着新进技术、知识、管理经验、组织制度的 FDI 流入，在促进中国经济增长的同时，也推动了中国创新发展水平的提高。创新优势明显的东部沿海地区是大量 FDI 流入的集聚地，而创新能力相对较低的中部、西部以及东北部地区，FDI 的流入量相对较少，引导外资向中国内陆地区流动，对于促进地区平衡发展，推动中国整体创新能力提升都大有裨益。中国制造业的创新发展能力与外商投资企业参与程度之间也存在正向相关关系，外资参与度较高的产业，创新发展指数也相对较高。但个别产业国家重点发展的医药制造业、铁路、船舶、航工航天等例外。2000—2017 年中国在吸引外资发展经济的同时，国家的创新指数[①] 也逐年

---

① 国家创新指数来源于中国科学技术发展战略研究院发布的《国家创新指数报告》。

提高。世界知识产权组织发布《全球创新指数2017》显示，中国2017年的创新指数较上一年进一步提升，继2016年首次跻身世界创新能力最强的前25国之后，2017年排名继续上升，位居22位，是唯一一位列前25国的中等收入经济体。

二、对东部与中西部地区利用外资实行差异性引资政策，优化利用外资区域结构促进协调发展

中国东中西地区经济差距大，外商直接投资与地区发展差距有密切关联。改革开放以来，中国外资促进政策的重点首先放在区域政策上，主要是鼓励沿海开放与特区开放。外商投资区域政策方面从促进地区平衡发展理念出发，实行了东中西差异性的引资政策。在开放初期，对东部沿海地区先行实行优惠的开放政策，在东部地区获得优先发展后，将促进政策的重点转向产业，鼓励外资优先投向高端制造业、高新技术产业、现代服务业、新能源与节能环保产业。在区域政策方面鼓励外资向中西部地区转移，优惠政策逐步向中西部扩展。2010年8月发布《关于中西部地区承接产业转移的指导意见》，2010年4月发布《中国中部地区外商投资促进规划》。通过继续给予中西部欠发达地区税收、金融、财政等方面FDI优惠政策，进一步提升中西部各省、市、自治区的外资吸引力。优先完善中西部地区基础设施建设及公共服务体系，建立包括高铁、高速公路在内的现代交通网络体系，加大人才引进力度，鼓励研发创新，为外资创造良好的"软环境"，为中国中西部地区加快承接东部地区产业转移提供了政策支持，为实现协调发展提供了积极的支持作用。

三、不断推进外商投资体制改革，使其逐步符合国际通行规则

在中国加入 WTO 前及之后，均根据 WTO 规则及中国的相关承诺对外商投资体制进行了多项改革，逐步建立了符合国际通行规范的中国外商投资体制。

在外资管理体制方面，国家逐步建立了分级管理、逐项审批以及部门监督的外商投资管理体制。随着外商投资的不断发展，根据中国外资管理的需要，国家逐步对审批与管理制度进行了多次改进。针对审批程序复杂、审批时间过长等问题，多次下放审批权限，简化审批程序。

在外资管理模式方面，中国长期以来坚持采取"准入后国民待遇＋混合清单"的模式。"准入后国民待遇"是指给予外国投资国民待遇的阶段为运营阶段，外资在中国的投资发生和企业设立阶段是不享有国民待遇的。中国针对外资实行的《外商投资产业指导目录》包括鼓励、限制和禁止目录，实质上是一种将正面清单与负面清单相结合的做法，即"混合清单"。"准入后国民待遇＋混合清单"的模式是由中国经济发展水平和自由化程度决定的，是符合当时国情的。随着经济的发展和自由化程度的提高，中国进一步推进了外商投资管理体制的改革。2013 年上海自贸区成立后，宣布试行"准入后国民待遇＋混合清单"的外资管理模式。这是中国外商投资管理体制的一次重大突破，也是中国扩大开放、促进改革的重要举措，意味着外国投资者及其投资得投资发生和企业设立阶段就可以享受国民待遇，享有与内资同等的待遇。2017 年，中国 11 个自贸试验区新设外商投资企业 6841 家，其中以备案方式新设企业占 99.2%；

实际使用外资 1039 亿元人民币，同比增长 18.1%，改革开放试验田作用进一步显现。

四、制定外商投资产业指导目录引导产业投向，优化利用外资的产业结构

改革开放以来，中国主要通过产业的限制或鼓励来引导外资的市场准入。在外商投资的产业政策方面建立《外商投资产业指导目录》，并根据不同阶段的经济发展需要多次修订，对外资进行适时的产业引导，鼓励外资投向中国产业优化升级所需要的领域。自 1995 年《外商投资产业指导目录》制定以来，根据国家经济结构调整和产业优化升级的需要经历了 2002 年、2004 年、2007 年、2011 年、2017 年等多次修订。还制定了《中西部地区外商投资优势产业目录》，将外资产业政策与区域政策相衔接，促进东中西外商投资逐步形成合理的梯度转移。

五、有效运用税收优惠政策对外资进行鼓励与引导，使其符合国家经济发展总体方向

在改革开放引进外资的前 20 年中，主要是通过优惠的税收政策扩大利用外资规模，提升中国经济发展水平。区域政策与产业政策的支撑体系则是与之相配合的税收优惠政策。随着中国外向型经济水平的提高，利用外资开始由数量扩张型向质量效益型转变。国家开始弱化税收优惠力度，取消外资的"超国民待遇"而逐步实行内外资统一的"国民待遇"。从积极鼓励"引资"转变为以国家产业优化升级为核心目标的"选资"，引导外资增长符合国家总体发展战略。

中国对外资企业的税收优惠政策总的趋势是由"超国民待遇"向"国民待遇"转变。改革开放初期，为促进经济发展，国家对外商投资企业实行税收优惠政策，取得了良好的作用和效果。但随着对外开放的进一步深化以及市场经济制度的进一步完善，其弊端也越来越明显，造成内外资企业之间的不平等、国家税收收入流失等。2007年颁布的《中华人民共和国企业所得税法》实现了两税合一。目前为配合吸引外资的区域政策，仅对西部地区保留部分税收优惠。对符合条件的西部地区内外资企业继续实行企业所得税优惠政策，即西部地区鼓励类项目按15%的税率征收企业所得税。

六、构建外资并购安全审查及反垄断审查制度体系，维护国家经济安全

从国家经济安全的角度出发，构建了中国的外资并购安全审查制度。2008年《反垄断法》的实施，标志着中国外商投资的反垄断审查进一步迈向法制化轨道。2011年国务院《关于建立外国投资者并购境内企业安全审查制度的通知》，就建立外资并购的安全审查制度作出了指引性规定。外资安全审查和反垄断审查制度的建立，对于中国利用外资体制的完善有重大意义。

第四节 中国利用外资发展方向

改革开放引进外资的前20年中，中国主要通过优惠的税收政策扩大利用外资规模，提升经济发展水平。进入21世纪以来，随着经济水平的发展，环境、劳工等标准的提升以及外资优惠政

策的调整，中国利用外资传统的成本优势、优惠政策优势逐步减弱，吸引外资的新优势转向广阔市场、基础设施、产业综合配套和投资软环境。在市场潜力、基础设施及产业配套方面已经具备相对明显的优势，当前迫切需要改善投资软环境以提升利用外资的新优势。

一、保持利用外资规模稳定增长

进入"十三五"以来，受世界经济复苏乏力、经济全球化路径深刻调整等因素影响，全球外国直接投资难以再现危机前蓬勃发展的态势。发达国家和发展中国家都把吸引外资作为促进经济发展的重要抓手，中国利用外资面临的国际竞争加剧。中国利用外资的综合优势仍然明显，服务业开放领域不断扩大，服务业利用外资保持稳定增长，但受国内要素成本上升等影响，制造业利用外资压力较大。总体来看，保持利用外资规模稳定的难度不小。在提升利用外资质量与效益的同时，中国在较长时期内保持相对稳定的利用外资规模仍是非常必要的。保持外资规模的稳定增长与保持外贸稳定增长关系密切，是中国经济发展的现实需要。因此，未来对外资总体应持积极鼓励的政策。

二、进一步改善外商投资环境

当前，全球引资竞争日趋激烈，不少国家要素成本低于中国。培育引资竞争新优势，关键在于营造稳定公平透明、法治化、可预期的营商环境。一是加强利用外资法制建设。加快统一内外资法律法规，制定新的外资基础性法律。清理涉及外资的法律法规和政策文件，与国家对外开放大方向和大原则不符的要限期修订。二是完

善外商投资管理体制。研究实施更有力有效的吸引外资政策。中国
11个自贸试验区实行准入前国民待遇和负面清单管理制度取得显著
成效，是外商投资管理体制的根本性变革。未来进一步高质量建设
自贸试验区，加大自贸区开放压力测试的强度，赋予自贸区更大改
革开放自主权。深化外资领域的"放管服"，优化现有外商企业备案
报告程序，健全事中事后监管服务体系，提升投资便利化和自由化
水平。三是营造公平竞争的市场环境。保护外商投资合法权益。以
简政减税减费为重点进一步优化营商环境；要严格依法平等保护各
类产权，加大知识产权保护力度；借鉴国际经验，抓紧建立营商环
境评价机制，逐步在全国推行等。使外资企业在中国面临的法治环
境、政策环境比过去更规范、更透明、更公平、更便利。加快构建
依法依规、公平的环境，提高中国对外商投资的"磁吸力"，促进国
内相关领域技术和管理水平提高。

三、形成利用外资新的"综合优势"

中国利用外资的优势正在发展转变。传统的成本优势、优惠政
策优势等正在下降，形成中国利用外资新的"综合优势"至关重要。
"综合优势"主要包括广阔市场、人力资本的质量、综合配套、基础
设施和投资软环境等。尤其应重视对提升投资软环境的要求，涵盖
政策和法律法规透明度、行政效率、投资便利程度，以及系统投资
生态环境要求，包括产业配套、政府和舆论环境等。

四、不断提升利用外资质量和效益

把利用外资同转变经济发展方式和调整经济结构紧密结合起来，
着力引进先进技术、管理经验和高素质人才。鼓励外资参与《中国

制造 2025》、"大众创业、万众创新"、"互联网 +"行动计划等战略实施，引导外资投向现代农业、新能源、新材料、生物医药、信息通信、节能环保、智能制造、现代服务业等领域。鼓励外商投资地区性总部、研发中心等功能性机构，鼓励外资研发中心升级为全球研发中心和开放式创新平台，支持外资研发机构参与国内研发公共服务平台建设，提高外资溢出效应。

第五章　中国企业"走出去"发展历程、经验和未来发展方向

改革开放以来，中国企业从无到有，逐步探索海外市场，以多种方式"走出去"参与国际竞争，取得了显著的成效。在不断调整优化、经验累积中，形成了一条不同于发达国家的发展路径，成为发展中国家企业"走出去"的典范。从规模上看，中国在对外直接投资、海外项目承包等领域已成为全球首要大国，但由于发展时间有限，在管理体制机制、企业综合实力及国际化经验等方面仍有待提升。当前，在深刻变局的国际政治经济形势中，中国企业"走出去"也面临各种风险与挑战，进一步优化"走出去"监管方式及加强企业合规经营，是中国企业走出实现健康有序长效发展的必由之路。

第一节　中国企业"走出去"的发展历程

由于受到政策、宏观环境以及企业自身实力等多方面因素制约，中国企业走出去在早期，特别是 20 世纪 90 年代以前发展较为缓慢。直到 2000 年"走出去"战略作为国家战略被正式提出，国内企业走出去步伐显著加快。特别是 2013 年后，"一带一路"倡议强调鼓励

资本、技术、产品、服务和文化"走出去",对外投资进入全新的发展阶段。目前,对外投资和项目工程承包已成为推进"一带一路"建设的重要方式,也是国内企业深度参与国际分工协作、优化资源配置的重要途径。

一、中国企业对外直接投资发展历程

以跨国并购及绿地投资为代表的对外直接投资,是企业走出去的最主要实现方式。改革开放以来,中国企业对外直接投资逐渐增加,特别是进入 21 世纪,直接投资进入加速增长阶段,不但增速、流量及存量规模稳居新兴经济体首位,在世界主要经济体中的主导地位也逐年上升,目前已成长为全球第二大对外直接投资国。

从历史上看,新中国成立后中国企业的对外直接投资活动就已零星存在,但直到改革开放以前,对外投资活动主要集中于政府主导下的海外经济援助和小规模的贸易性直接投资,这些行为尚不能视为严格意义上的对外直接投资活动。因此,中国对外直接投资的起步应从 1979 年开始,大致经历了五个发展阶段:

1979—1985 年。为中国对外直接投资起步阶段,投资规模不大、中资海外实体不多,国有企业占据直接投资的主导。1983 年以前,建立海外企业要由国务院直接批准。投资主体主要为拥有对外经营权的外贸进出口公司和省、市国际经济技术公司。这一阶段中国在海外设立的中资企业共 451 家,平均企业投资规模近 200 万美元。

1986—1991 年。1985 年 7 月,原外经贸部颁布《关于在国外开设非贸易性合资企业的审批程序和管理办法》规定:"只要是经济实体,有资金来源,具有一定的技术水平和业务专长,又有合作对象,均可以到国外开设合资经营企业。"由于简化了企业境外投资的条件和审批手续，1986 年以后中国对外直接投资出现第一次增长高潮，五年间创办海外中资企业超过 3600 家。这一阶段对外投资主要为对外贸易窗口公司、贸易公司及少量初级加工企业。

　　1992—1998 年。为中国对外直接投资的起飞准备阶段，对外投资规模、设立企业数量继续保持增长，但整体趋势落后于同期吸引外资状况，其主要原因是这一阶段中国的对外直接投资政策尚没有放开，限制较多。如 1991 年国家计委向国务院递交的《关于加强海外投资项目管理意见》指出，"中国尚不具备大规模到海外投资的条件"，其在《关于编制、审批境外投资项目的项目建议书和可行性研究报告的规定》中对海外直接投资的项目和目的国等都提出了较严格的限制，这是整个 20 世纪 90 年代对中国影响最大的海外投资政策。但与此同时，诸多涉及对外直接投资的法规条文在这一阶段出台并完善。如，1992 年国有资产管理局、财政部和外汇管理局制定的《境外国有资产产权登记规定》和 1994 年对外经济合作部发布的《关于加强中外合资、合作企业中国有资产监督管理暂行规定》对境外国有资产管理进行了规范化；原外经贸部和外汇管理局制定的《境外投资联合年检暂行办法（试行）》和《境外投资综合绩效评价办法（试行）》对企业海外投资绩效评价进行了规定；原外经贸部、国家经贸委、财政部联合颁布的《关于境外带料加工装配业务有关出口退税问题的通知》和中国人民银行、外经贸合作部发布的《关于支持境外待料加工装配业务信贷指导意见》对投资海外加工企业进行了政策规定。此外，1994 年制定的《对外贸易法》以及《合同法》《公司法》《反不正当竞争法》《反倾销和反补贴条例》《民事诉讼法》等都从不同方面规范了中国企业对外直接投资的经济活动。这些政策文件的制定，对之后直接投资的快速发展起到了奠基作用。

表 5-1　1979—1998 年中资境外企业数及投资额

项目＼年度	1979	1980	1981	1982	1983	1984	1985
境外企业数（个）	4	13	13	43	76	113	189
投资额（百万美元）	0.53	30.9	2.56	40	90	140	630
项目＼年度	1986	1987	1988	1989	1990	1991	1992
境外企业数（个）	277	385	526	645	801	1008	1363
投资额（亿美元）	450	650	850	780	910	1000	4000
项目＼年度	1993	1994	1995	1996	1997	1998	
境外企业数（个）	1657	1764	1883	2089	2400	2709	
投资额（亿美元）	4300	2000	2000	2080	2600	2700	

资料来源：1990—1998 年数据来自商务部《2005 年度中国对外直接投资统计公报》；1986—1989 年数据来自吴勤学：《中国海外直接投资理论与实务》，首都经济贸易大学出版社 2006 年版，第 1 页。

　　1999 年至 2016 年。是中国对外直接投资的高速扩张期。1999 年，中国提出加快实施"走出去"战略，通过开展境外加工装配、就地产销或出口，带动国产设备、技术、材料、半成品等生产资料的出口，扩大对外贸易，并向 100 多家企业颁发了"境外加工贸易企业批准证书"。受到政策推动，中国对外直接投资发展步伐明显加快，投资流量规模逐年攀升，由 1999 年的 17.74 亿美元增至 2016 年的 1701.1 亿美元，扩大近 100 倍。对外直接投资的职能属性也从促进贸易的辅助职能，扩大为产能合作、全球价值链提升以及推进"一带一路"建设，直接投资对中国经济改革开放和提质增效的作用愈发显著。2015 年，中国对外直接投资首次超过实际利用外资规模，实现对外直接资本净输出。此外，在投资区位、进入模式、行业分布等领域也日益广泛多元，中国也从对外直接投资后起国家跃升为全球第二对外投资国。

2017 年以来，中国已进入对外直接投资平衡优化发展的新阶段。由于 2016 年对外直接投资出现激增，盲目投资、非理性投资及对外直接投资名义下的资本外逃现象有所增多，对我国对直接投资的事前管理提出了加强完善的新要求。2016 年 11 月，国家发展改革委等部门通过媒体口径对外发布了跨境投资管理的基本原则，在强调投资便利化改革的同时，指出将对"一些企业对外投资项目进行核实"。2017 年 8 月，国家发展改革委、商务部、人民银行、外交部联合发布《关于进一步引导和规范境外投资方向的指导意见》，进一步加强对外投资规范管理。2017 年中国对外直接投资出现显著回调，风险因素累积态势得到有效缓解。未来时期，中国对外直接投资将在保持较高流量规模的同时，进一步完善事前管理，建立健全事中、事后管理，在区位、行业、模式等方面趋于平衡多元，特

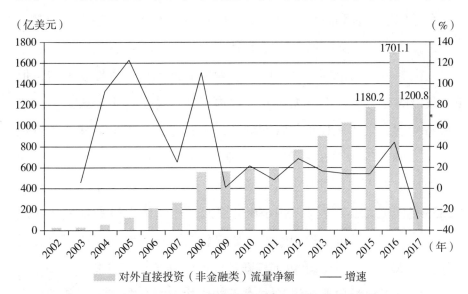

图 5-1　2002—2017 年中国对外直接投资流量规模及增速情况

注：资料来源为历年对外直接投资统计年鉴。

别是加强对"一带一路"国家的投资导向，中国对外直接投资的发展将进入稳步、高效、优化的新时期。

二、中国企业对外工程合作的发展历程

改革开放以来，中国以工程承包的方式参与海外项目建设不断拓展，经过近 40 年的发展，这项事业已成中国对外经济贸易的重要组成部分，在涉外经济及国民经济发展中发挥了日益重要的作用。特别是伴随走出去战略的实施，中国对外承包工程进入高速发展时期，承包合同额及营业额取得突破性增长的同时，承包工程的技术资本含量、工程收益也不断提升，显示中国企业综合实力的进步。

对外承包工程规模稳步增长。中国企业开展对外工程承包起步于改革开放初期，20 世纪 70 年代末，中东石油输出国凭借巨额石油外汇收入，开启了大规模的基础设施建设，中国部分建筑领域央企抓住这一有利时机，率先进入中东市场，开始了走出去的起步探索。此后，国际领域发生了海外战争，东南亚金融危机、国际金融危机等一系列市场动荡，中国企业的海外承包业务屡受冲击，但在政府的有力引领下，承包业务规模仍然保持了稳定增长态势。自 2006 年起，全年工程承包合同额超过 600 亿美元（2006 年为 660 亿美元，2005 年为 296 亿美元），实现飞跃式增长。此后，中国企业工程承包进入规模加速扩张，至 2017 年，全年新签合同总额达到 2653 亿美元，实现营业额 1686 亿美元，达到历史最高规模。从趋势上看，中国承包工程规模增长始终较为平稳，波动性弱于直接投资，自 2000 年以来，承包工程新签合同额共增长 22.7 倍。

对外工程承包业务增长方式不断优化。在业务规模不断扩大同时，中国对外承包工程的增长方式及业务范围也不断调整优化，越

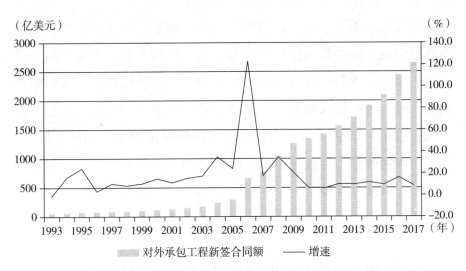

图 5-2　1990—2017 年中国对外直接投资流量规模及增速情况

资料来源：为历年中国统计年鉴。

来越多企业的业务中心，由早期的低技术工程建造，向规划、勘探、设计咨询等高技术含量、高附加值领域转变，通过带资承包和投资获得工程项目等方式，积极探索采用投资与工程相结合，通过与境外合作进行房地产开发、资源合作开发等方式，推动企业工程承包业务向高端领域发展。与此同时，中国对外承包工程涉及的专业领域也在不断拓展，除房屋建筑、基础设施等传统领域外，近年在石油化工、工业生产、电力工程、矿山开采、电子通讯、环保、航空航天、核能及工程咨询服务等领域也取得了突出成效。

中国工程承包质量及在国际市场地位不断上升。近年来，中国在国际工程承包市场，特别是在"一带一路"沿线等发展中国家市场中的地位显著提升，优质、高效、价优的高性价比市场定位逐渐形成。从市场分布看，中国企业对外工程承包业务已遍及全球 180多个国家和地区，除亚非等传统市场外，在拉美、北美和欧洲市场

业务也在加速拓展。而与此同时，国际工程承包领域的竞争格局也在日益激烈。欧美等发达国家大型承包商在技术和资本密集型项目上仍占据较强优势，日韩等国家承包商海外商誉较好，中国承包商面临了较强的市场份额挤占，整体仍处于价值链相对低端位势，但中国工程承包的整体实力和规模增速仍然保持着显著的后发优势。同时，国别政治、种族冲突、恐怖活动等外在不利因素，也对中国对外工程承包项目安全产生不利影响，需要持续加以关注。

第二节　中国企业"走出去"的趋势特征与成功经验

改革开放，特别是进入 21 世纪以来，经过近 20 年的加速发展，中国企业走出去已取得长足发展，投资结构进一步优化、区位和行业分布更趋多元，对外工程合作也更加凸显技术及资本优势，大型工程项目不断增加，展现出良好的发展态势。

一、投资合作区位实现全球化布局

中国企业投资区位分布实现全球拓展。截至 2016 年年末，中国对外直接投资已遍布全球 190 个国家和地区，覆盖率超过 80%，设立企业超过 3.7 万家，境外资产总额超过 5 万亿美元。从区位存量看，对亚洲投资最多，存量为 9094.5 亿美元，占比 67%，其次是拉丁美洲、欧洲、北美、非洲和大洋洲。接受中国投资较多的国家和地区包括中国香港、开曼群岛、英属维尔京群岛、美国、新加坡、澳大利亚、荷兰、英国、俄罗斯等。与此同时，近年来，中国与"一带一路"国家和地区的投资合作已成为新亮点。

中国企业对"一带一路"投资项目合作取得突破性进展。截至 2017 年年底，累计有 63 家央企在"一带一路"沿线国家承担了 1713 个项目，海外资产规模约 6 万亿人民币。2016 年，中企在"一带一路"沿线国家对外承包工程新签合同额 1260.3 亿美元，占中国对外承包工程新签合同额的 51.6%；完成营业额 759.7 亿美元，占总额的 47.7%，同比增长 9.7%，超过当年中国对外承包工程业务完成营业额增速的近两倍。

表 5-2 2016 年（末）中国对外直接投资重点国家（地区）

（单位：亿美元）

序号	流量			存量		
	国家（地区）	金额	占比（%）	国家（地区）	金额	占比（%）
1	中国香港	1142.3	58.2	中国香港	7807.45	57.5
2	美国	169.8	8.7	开曼群岛	1042.09	7.7
3	开曼群岛	135.2	6.9	英属维尔京	887.66	6.5
4	英属维尔京	122.9	6.3	美国	605.8	4.4
5	澳大利亚	41.9	2.1	新加坡	334.46	2.5
6	新加坡	31.7	1.6	澳大利亚	333.51	2.5
7	加拿大	28.7	1.5	荷兰	205.88	1.5
8	德国	23.8	1.2	英国	176.12	1.3

资料来源：国家发改委《中国对外投资报告》。

二、"走出去"企业行业分布与价值链位势成功升级

对外直接投资行业领域日益丰富。目前，中国对外直接投资已涵盖 18 个行业大类。除制造业、批发零售业、交通运输仓储和邮政

业、农林牧渔业、采矿等传统走出去产业以外，近年来中资企业在科学研究和技术服务业、信息传输软件和信息技术服务业、教育、医疗、电力/热力/燃气及水生产供应等领域的投资占比提升较快，显示对外投资的产业结构正在不断优化。数据显示，2016年对外直接投资中，流向装备制造业的投资规模同比增长了41.4%，在制造业投资总额中占比近一半（49.1%）。

对外投资和工程承包合作业务转型升级和模式创新取得进展。近年来企业积极推动业务模式的转型升级，凭借在技术储备、运营管理、资源整合等方面的竞争优势，以建设—经营—移交（BOT）以及公共部门与私人企业合作（PPP）等模式参与大型国际项目合作初见成效。从具体项目看，牙买加南北高速顺利通车运营、老挝南湃水电站项目发电并投产运营，巴基斯坦卡西姆港燃煤电站BOO项目目前正处于建设高峰期等。目前，收购兼并和战略投资业务已成为企业开拓发达国家市场、优化市场布局和业务结构的重要方式，如中国交建收购巴西工程设计咨询榜首企业——Concremat公司股权，为相关业务发展提供了专业支撑。此外，工业园区相关产业开发建设等综合开发项目已成为企业扩展海外经营规模和提升经营效益的重要手段。

三、非公有经济控股投资主体成为中国企业"走出去"主力军

"走出去"对投资主体的资本、技术及国际化经验要求较高，具有较高的企业门槛，因此在早期，中国成功实现走出去企业以国企、特别是央属企业为主导，投资流量规模占比一度接近90%。近年来，中国非公有经济控股投资主体、特别是民营企业走出去取得了快速发展，民营企业在资本技术实力及走出去意愿方面均得到明显提升。

134

自 2012 年以来，国有企业在中国对外直接投资中的比重降至 50% 以内，至 2016 年，这一比重进一步降至 32%，特别是央企对外投资已降至 13.6%。从存量结构看，目前中国还在资产仍以国有企业占主导，2016 年所占比重为 54.3%，但较 2006 年已大幅下降 26.7 个百分点。从企业数量上看，对外投资的民营企业数量远超国有企业，占企业总数的近七成。在地方企业中，中国沿海及长江经济带沿线企业走出去最为货源，占全国对外投资份额的 35.5%。

四、产能合作与互联互通建设取得突出进展

伴随"一带一路"建设的全面推进，中国开展国际产能合作步伐不断加快，走出去已成为实现这一合作的重要方式与抓手。众多制造业企业，特别是基础设施建设、资源能源开发领域企业，通过直接投资、工程承包、装备贸易、技术合作等多种形式与其他国家和地区实现了卓有成效的产能合作。截至 2017 年，中国已与 36 个国家建立了产能合作双边机制，与法国、德国、加拿大、澳大利亚等国家建立了第三方市场合作机制，与东盟、非盟、欧盟等一体化组织开展了多边产能合作，所涉领域涵盖了基建、传统轻工制造业，钢铁、水泥、电解铝、玻璃等优势产能富余产业，以及电力设备、工程机械、通信设备、核电、高铁和轨道交通为主的高端装备制造业等。

基础设施互联互通是中国推进共建"一带一路"的重要方式之一。中国企业通过工程承包、直接投资、劳务与技术合作等多种形式走出去，积极参与境外铁路、港口、桥梁、施政等大型基建项目工程建设，在带动了装备出口和资本技术输出的同时，实现了广大"一带一路"共建国家的基础设施状况的显著改善及国别区域间互联互

通，有效推进了民生福祉的提升。目前，中老铁路、中泰铁路、雅万高铁、莫喀高铁、亚吉铁路、蒙内铁路、中欧"三海港区"等一批境外大型基础设施项目已取得顺利进展，有效提升了中国企业参与全球工程建设的市场认可度，是中国企业走出去的成功典范。

第三节　中国企业"走出去"的风险因素与发展方向

尽管监管趋严，中国企业走出去意愿依然较强。2017 年中国对外直接投资趋势显著回调，全年投资流量规模 1200.8 亿美元，下降 29.4%。国内外投资监管环境同时趋严，非理性、虚假投资及部分敏感领域投资受到抑制是此轮调整的主因。但 2017 年中国对外投资规模仍为历史第二高纪录。2018 年前四个月，中国非金融类对外直接投资 355.8 亿美元，同比增长 34.9%。此外，中国对外开展项目合作也保持稳定较快增长态势，2017 年承包工程新签合同总额 2852.8 亿美元，达到历史最高规模，2018 年一季度完成营业额 346.6 亿美元，同比增长 18.5%。

投资合作扩张的同时，中资企业国际化经营能力显示不足。伴随直接投资和工程承包项目规模的快速扩张，中国已成长为全球最主要资本、装备、人力、技术输出国之一，在较短时期内完成了对发达国家企业上百年的国际化进程赶超。然而，大量中资企业海外经营面临多重困境，海外商誉难以比肩欧美及日韩企业，均显示国际化经营能力不足的短板，具体体现在：非市场化投资决策，如盲目投资、非理性投资、虚假投资等；海外项目腐败，如商业贿赂、贪污海外国有资产、被动行贿等；法律规则意识缺失，如规避所在国外资审查、违背所有权及管理权限制、违规违法交易等；地域适应不良，如中资内卷化、社群关系紧张、社会责任缺失等。

一、"走出去"企业面临多重风险因素，近期欧美监管动向需高度关注

国际化经验不足，多重海外风险难以规避。对部分走出去企业而言，国际化经验不足一方面表现为投资区位选择偏差，未能在事前决策中规避东道国政治及商情不良风险；另一方面是对市场、法律等特殊投资环境的适应性差，更容易使程序性问题转变为投资风险问题。主要包括：政治风险，由于政权更迭而造成项目推进受阻；市场风险，东道国经济不稳定，金融、外汇、商品、劳务市场环境波动造成中资企业经营困难；政策风险，东道国开放环境及引资态度转变，造成项目落地遇阻，投资成本加大；商情及法律风险，部分发展中国家法律体系不健全、商情不良、政府腐败。部分发达国家法律政策体系与中国存在差异，主要涉及知识产权、合同订立、税务与会计准则等领域，造成企业适应不良；用工风险，由于对地域宗教文化了解适应不足，造成劳资纠纷及社区冲突，影响生产经营稳定等。

东道国外资审查风险攀升，需高度关注欧美动向。近年来，中资企业逆向投资发达国家案例快速增加，尤其对美国及欧洲的投资出现激增态势，已引发相关国家关切，对中资态度或发生转变。在过去30年内，美国总统以国家安全为由阻止的4起外国企业在美国收购案例中，均涉及中国投资方。目前中资企业面临美国安全审查风险在进一步上升，美国参众两院于2017年11月提交旨在扩大CFIUS权责

范围的《外资安全审查现代化法案》（FIRRMA）草案。2018 年 8 月该法案已作为《2019 财年国防授权法案》的一部分由特朗普签署成法。随着这项法案的通过，不但中资项目面临的监管风险增加，还需承担最高 30 万美元的 CFIUS 备案费用，投资成本进一步提升。与此同时，继美国之后，2017 年以来中国对欧洲投资也呈现激增态势，德、法、意、英等国家对中资态度趋于强硬，2017 年 9 月，欧盟委员会公布了针对外国直接投资审查的欧洲框架建议，表明欧盟正试图建立各成员国均应遵守的外资审查整体机制框架。根据欧盟理事会确定的 2018 年立法工作优先事项安排，外资审查规则将是 2018 年欧盟贸易政策的主要重心，随时可能公布不利中资的政策信息。

对发展中国家走出去，腐败风险不容忽视。相对于发达市场外资审查风险，走出去企业在"一带一路"沿线等发展中国家则面临着严重的腐败风险问题。截至 2017 年年底，累计有 63 家央企在"一带一路"沿线国家承担了 1713 个项目，海外资产规模约 6 万亿人民币。由于央企一般采用项目经理人负责制对海外国有资产进行管理，海外项目的资金管理、运营维护、企业战略实施等均有项目经理人全权负责，国内监管部门尚无有效手段和机制对海外项目的在地运营进行时时的直接监管，造成的国有资产经营损失及贪污腐败风险不容忽视。此外，近年来民营企业走出去规模体量不断攀升，已成为中国对外投资的主导力量，这些企业受到的约束监管机制更为有限，发生商业贿赂等违法违规行为可能性较大。另外，对一些法律体系不健全，经济欠发达地区投资和项目合作，面临的地方政府腐败和索贿问题，也对中国企业海外运行带来了较大的运营风险。

二、加强"走出去"企业合规经营，是防控多重风险的关键手段

合规经营能力和监管不足，是走出去企业面临风险的主因。当前走出去企业面临的多重投资和经营风险中，部分是突发性、人为不可抗风险，如政权更迭、自然灾害、金融危机等，这些风险对任何国家企业均是等同的，需依靠投资保险等保障机制加以规避。而除此之外的绝大部分风险暴露，均与企业的合规经营能力意识不足及相关部门的合规监管机制不健全有关。如企业非理性投资造成的海外资产风险，主要受此前国内投资真实性核查机制不健全影响；海外市场风险，则受企业投资决策机制及信息识别能力不足影响；海外项目腐败风险，则受企业海外项目管理及相关部门监管机制不健全影响等。因此，从企业走出去的事前、事中及事后层面建立起完善的合规经监管机制，是防控大部分风险的最有效手段。

国内企业合规经营意识依然欠缺，完善任重道远。与发达国家相比，目前国内关于企业合规经营的认知仍相对落后。欧美国家在较长的对外投资发展历程中，已建立起完善的跨国企业海外分支机构监管法律规范及监管机制，而目前中国相关机制仍在摸索建立的早期，甚至"合规"的概念仍未成为共识。从相关概念的演进看，国际领域对企业合规的界定也在不断扩展，目前公认的企业合规准则，是2000年由时任联合国秘书长安南推动形成的《全球契约》，该倡议后经多次扩充完善，2011年以来形成了包含反商业腐败、劳工、环境、社会责任、人权等领域的十项原则。推进企业实现合规经营，即是要企业在国际领域参与市场行为中，建立起符合国际通行规范的行为模式，避免因不了解国际规范、不了解目的国法律而造成的风险和损失。与

此同时，还要时刻反思文化因素的影响，摒弃通过"灵活""变通"等方式谋求寻租的传统思维，避免影响中资商誉及产生相关损失。

主管部门正加快推进机制建设，完善企业合规经营监管。近年来，国内投资主管部门针对企业走出去，尤其是对外直接投资出台了一系列政策性文件，尽管与发达国家相比仍有不足，但在事前、事中、事后监管方面均在不断完善。如在优化事前管理方面，已出台《境外投资管理办法》（商务部、发展改革委）《关于做好对外承包工程项目备案管理的通知》《关于进一步引导和规范境外投资方向的指导意见》《境外投资敏感行业目录》等；在完善事中、事后管理方面，已出台《民营企业境外投资经营行为规范》《中央企业境外投资监督管理办法》《国有企业境外投资财务管理办法》以及《关于对对外经济合作领域严重失信主体开展联合惩戒的合作备忘录》等，未来应进一步细化及提升相关规范、意见的法律效力，形成完整有效的企业合规经营监管框架。

第四节　政策建议

一是以高层引领为基础，推进国别政策协调及管理机制不断完善。坚持进一步发挥高层互访在双边及多边投资合作中制度引领作用，推进中美、中欧及"一带一路"倡议下的国别投资合作协定谈判，争取早日签署相关协定，减少外资审查风险，为新时代企业走出去营造良好的制度环境并提供投资保障。走出去主管部门要进一步加强贯彻落实党中央、国务院决策部署，以党的十九大精神为指引，牢固树立新发展理念，加强规划引导、推进业务创新、强化监管服务、加大政策支持、营造良好环境、积极防范风险，引导对外投资合作实现健康规范发展。

二是推进立法，尽早建立与中国投资合作发展相适应的走出去法律规范框架。在不断完善《境外投资管理办法》的基础上，研究走出去主管部门统一归口可行性，加快由国务院或国务院指定投资管理部门出台《境外投资条例》，将此前的部门规章上升为政策法规，并研究制定《对外直接投资法》，进一步将对外投资管理体制建设上升至法律层面，尽快构建统一、完善、有效的走出去政策法规体系，加强保障企业对外直接投资主体地位，构筑"走出去"政策促进、服务保障和风险防控体系。

三是不断完善合规经营监管体系。相关主管部门要加强合规经营监管体系建设，完善事前、事中、事后各阶段的合规经营监管制度，进一步进化完善投资真实性核查及海外项目腐败监管机制建设。尽快出台类似美国《反海外腐败法》、英国《反贿赂法》等企业海外分支结构反腐败法规，落实对走出去企业海外分枝结构监管的"长臂原则"。还应进一步发挥信息发布及综合服务职能，加强对走出去企业的风险提示与业务培训，帮助企业了解投资目的国的法律法规及市场环境，提升企业合规经营的主动性。

四是构建科学有效的企业合规经营自我管理体系。企业应该完善符合自身可持续发展要求的海外合规经营管理体系，形成科学合理的母子公司管理方式，提高对市场及项目信息的收集、处理和反馈效果及全球配置资源的能力。根据国际投资发展形势和国家政策导向，结合自身主业，选择好跨国经营的重点领域和优先发展方向，加强对全球市场布局的战略研究，制定清晰明确的经营策略和发展规划，确定好重点目标市场。加强企业间的协调合作，避免行业内

部无序竞争，减少行业规范、财务等程序性风险，最大限度的维护企业的整体利益。

五是推进走出去企业履行社会责任。要将企业海外履行社会责任视作企业合规经营的主要内容之一。走出去应坚持互利共赢、共同发展的基本原则，进一步完善海外社会责任治理机制，加强对外派人员的培训教育，加大对外正面宣传力度，保障经营活动公开透明。要加强遵纪守法，诚信经营，对外树立良好的形象，与当地各种利益集团和相关部门人员和谐相处，化解中外利益纠纷和矛盾冲突，降低针对中国企业和人员安全事件发生概率，积极参与公益事业，实现属地化经营管理，保障当地员工的合法权益，妥善处理公共关系，加速与当地文化融合。

第六章　中国金融开放的历程、经验和未来发展方向

　　所谓金融开放，通常包括两个方面的内容：一是人民币经常项目和资本项目可兑换，尤其是资本项目的开放；二是指银行、证券、保险等金融服务业以及金融市场的对外开放。改革开放 40 年来中国的金融开放进程，就是积极推进金融服务业与金融市场双向开放，协调推进人民币可兑换、汇率形成机制市场化改革，有序提升人民币国际化程度，着力构建市场化、专业化、国际化的完善的现代金融体系的过程。在 40 年的发展过程中，金融开放的各个环节相互促进、互为依托，体现出鲜明的系统性、整体性、协调性的运行特征。本文系统梳理金融开放的 40 年历程，寻找当前中国金融开放的新方位新起点，在总结金融开放基本经验的基础上，提出未来中国进一步扩大金融开放的方针和对策。

第一节　改革开放 40 年来中国金融开放的发展历程

　　改革开放以来，受经济社会发展的总体环境以及金融业改革发

展的内在规律的影响，中国的金融开放进程体现出明显的阶段性特征，具体分为 1978—1993 年的尝试阶段、1994—2001 年的扩展阶段以及入世至今的常态化阶段。

一、1978—1993 年：尝试阶段

改革开放初期，中国经济社会发展尚处于"短缺经济学"的时代，工业化进程受到外汇资金不足的严重制约，因此，这一时期的金融开放是围绕增加外汇储备规模以配合国内经济建设的目标展开的。从宏观环境看，从 1980 年之后，中国相继设立了深圳、珠海、汕头、厦门以及海南等经济特区，开辟了大连、秦皇岛、天津、烟台、青岛、连云港、南通、上海、宁波、温州、福州、广州、湛江、北海等 14 个沿海开放城市。改革开放试点的蓬勃发展为金融开放奠定了有利的外部环境和制度基础。

从外汇管理体制看，长期目标是实现人民币可兑换，具体而言主要包括人民币汇率形成机制改革、人民币经常项目开放和人民币资本项目开放等 3 个方面的内容。这一时期的外汇体制改革主要取得以下几个方面的进展。一是设立专门化的外汇管理机构。中国 1979 年成立国家外汇管理局，并于 1989 年升格为副部级单位，由中国人民银行归口管理，强化了外汇管理的组织机构保障。二是建立外汇留成制度，取代过去统收统支的外汇分配制度，成立外汇调剂市场，1980 年 10 月中国银行开始办理外汇调剂业务。三是推动人民币汇率形成机制改革。1981 年中国开始采取"官方汇率 + 贸易内部结算价"的双重汇率安排，官方汇率适用于非贸易收入，贸易内部结算价则适用于贸易收入，该汇率安排的计划特征和过渡性色彩依然比较明显。1985 年，中国取消贸易内部结算价，在外汇留成

制度和外汇调剂市场基础上，形成了"官方汇率＋调剂市场汇率"的新的双重汇率模式。其中，官方汇率实行有管理的浮动制度，而调剂市场汇率则随市场供求情况调整。但随着中国对外开放的加快和外汇留成比例和资金规模的不断提高，外汇市场交易格局发生了由以官方交易市场为主向以调剂市场为主的明显变化。到1993年，官方市场外汇交易占比仅为15%—20%，外汇市场越来越脱离政府的管控，也影响了国家外汇储备的增长，新的矛盾开始酝酿新的改革。

从金融业开放看，1979年中国开始允许外资银行在华设立代表处，标志着银行业对外开放的新起点，中国金融业开放之路从此拉开序幕。1980年，日本输出入银行在北京设立代表处，成为第一家在中国设立代表处的外资银行。同时，经济特区对金融开放的支撑作用也明显地体现出来。1981年中国允许外资金融机构在经济特区设立营业性机构试点，1982年南洋商业银行在深圳经济特区开设分行，成为第一家在内地经营的外资银行。1983年，中国出台了《关于侨资、外资金融机构在中国设立常驻代表机构的管理办法》，进一步鼓励、促进并规范了外资金融机构在中国的经营活动。截至1993年年底，外资银行在华设立了76家营业性机构，资产总额达89亿美元。[1] 以1992年中国在上海设立保险市场对外开放试点为标志，保险业对外开放正式起步，而证券业的开放则要等到1995年中金公司的成立才得以开启。

二、1994—2001年：扩展阶段

以1994年的外汇管理体制改革为标志，中国金融开放进入加快

---

[1] 吴晓灵：《中国金融体制改革30年回顾与展望》，人民日报出版社2008年版，第125页。

发展的扩展阶段。1993年中国出台《国务院关于金融体制改革的决定》，明确提出"我国外汇管理体制改革的长期目标是实现人民币可兑换"，成为指导这一时期金融领域改革开放的重要文件。1993年12月28日，中国人民银行发布《关于进一步改革外汇管理体制的公告》，宣布自1994年1月1日起实施外汇管理体制改革。此轮汇改的具体举措如下：一是取消各类外汇留成、上缴和额度管理制度，实行外汇收入结汇制和银行售汇制，建立全国统一的银行间外汇交易市场。二是取消双重利率安排，实现官方汇率与调剂市场汇率并轨，改革钉住汇率制度，实行以市场供求为基础的、单一的、有管理的浮动汇率制度。三是允许人民币经常项目有条件可兑换，并于1996年取消经常项目余下的汇兑限制，实现人民币经常项目可兑换，这一举措标志着贸易开放的基本完成。此轮汇改取得了稳定汇率和增加外汇储备的重要成果，对中国接下来的货币政策、汇率形成机制改革和金融市场开放产生了长远的影响。然而，就在中国积极推动人民币资本项目可兑换等进一步扩大开放举措的过程中，1997年爆发的亚洲金融危机将中国的注意力转移到应对金融风险上面来。中国承诺人民币不贬值，对短期资本流出实施严格的资本管制，外汇管理体制改革的步伐有所放缓。

从金融业开放看，这一时期银行、保险、证券业的对外开放均取得重要进展。从银行业看，1994年，中国颁布第一部全面规范外资银行的法规——《中华人民共和国外资金融机构管理条例》，规定了外资金融机构进入中国的准入门槛和监管标准等内容。1996年，中国人民银行发布《上海浦东外资金融机构经营人民币业务试点暂行管理办法》，放开了业务范围限制，外资金融机构经人民银行批准可经营存款、贷款、结算、担保、国债和金融债投资等业务。1998—2001年，中国取消外资银行区域限制，外资银行可在中国任何一个中小城市设立机构，并可以参与银行间拆借市场，银行业对外开放的空间范围和业务范围进一步扩大。截至 2001 年年底，外资银行经营性机构达 177 家，资产总额达 450 亿美元。

从证券业看，1995 年 6 月中国建设银行、摩根斯坦利、中国投资担保有限公司、新加坡政府投资公司、名力集团五方联合成立的中金公司成为中国第一家中外合资的证券公司，而 1998 年 3 月成立的国泰基金管理公司则是中国第一家外资参与的基金管理公司，证券业的开放开始起步。但由于证券业开放面临的风险较大，尤其对跨境资本流动和人民币汇率具有重要影响，因此与银行业和保险业相比，证券业的开放步伐更为谨慎。

从保险业看，继 1992 年上海保险市场对外开放试点设立以来，美国友邦保险在上海设立分公司，经营人寿和财产保险业务，该试点于 1995 年扩大至广州。从 1992 年至入世之前，共有来自 12 个国家和地区的 29 家外资保险公司在中国设立营业机构，保费收入从 1992 年的 29.5 万元增至 2001 年的 32.8 亿元。[1] 同时，1994 年，中国平安保险引进摩根斯坦利与高盛而成为第一家外资入股的保险公司，1996 年加拿大宏利人寿保险与外经贸信托合资成立的中宏人寿保险公司则成为第一家中外合资公司，保险业的开放进程以及引进海外资本、先进技术和管理经验的步伐走在了银行和证券业的前面。

三、入世至今：常态化阶段

以入世为界，中国的金融开放进入了一个新的常态化发展阶段。

---

[1] 国务院发展研究中心金融研究所：《国际保险业发展趋势及保险市场开放模式比较》2008 年 4 月。

这个阶段的主要特征在于，金融开放的目标从扩大外汇规模、配合国内经济建设转到学习国外先进技术和管理经验、提升金融体系国际竞争力上面来。尤其是党的十八大以来，在"一带一路"倡议的推动下，加快人民币国际化进程和金融业双向开放成为中国金融开放的新的时代背景和重要内涵。

（一）外汇管理体制改革

从汇率形成机制改革看，2005年7月21日，中国一改与美元挂钩的汇率制度，开始实行以市场供求为基础、参考一篮子货币进行调节、有管理的浮动汇率制度。人民币一次性升值2.1%达到1美元兑换8.11元人民币。为配合此次汇改的推进，2016年1月4日，中国引入做市商制度和询价交易机制，改变了中间价的定价方式。2007年5月21日，中国人民银行宣布将人民币兑美元汇率日波动区间从0.3%扩大至0.5%。2010年6月19日，人民银行宣布进一步加快人民币汇率形成机制改革，增强人民币汇率弹性，采取参考一篮子货币进行调节，以市场供求作为决定汇率的重要指标。2015年8月11日，人民银行决定完善人民币兑美元中间价报价机制，尽管出现了连续的人民币贬值，但人民币市场化水平明显提升。

从资本项目可兑换和人民币国际化看，中国在进一步深化经常项目外汇管理自由化便利化改革的同时，稳步推进资本项目可兑换，开放重点从直接投资领域扩展至对外债权债务、证券投资等领域。2002年，中国宣布实行合格境外机构投资者（QFII）制度，允许符合条件的境外机构投资者在核定的投资额度内进入境内资本市场，该举措迈出了中国证券市场对外开放的重要一步。2011年，中国开始实施人民币合格境外机构投资者（RQFII）试点，允许符合条件的境外机构投资者使用跨境人民币投资境内证券市场。2006 年，中国实施合格境内机构投资者（QDII）制度，允许符合条件的境内银行等机构在核定投资额度内开展境外证券投资，境内资金"走出去"步伐加快。与此同时，2014 年 11 月 17 日，上海证券交易所与香港联交所股票交易互联互通机制"沪港通"启动，2016 年"深港通"开通，并与沪港通一道取消双向总额度控制，内地与香港股票市场联通水平进一步提升。2015 年，内地与香港实现基金互认。2017 年 7 月，内地与香港开启"债券通"。其中，"北向通"于 2017 年 7 月 3 日开始运行。在这些开放举措的推动下，资本项目可兑换和人民币国际化进程取得了实质性的进展。

（二）金融业双向开放

从金融业开放看，这一阶段银行、证券、保险业的双向开放均取得显著成效。从银行业看，入世之后，中国积极履行银行业开放承诺，修改了一系列相关法律法规。2001 年 12 月 10 日颁布《外资金融机构管理条例》，规定外资银行与内资银行拥有相同的业务范围。自 2001 年 12 月 11 日起，取消对外资金融机构外汇业务服务对象的限制，允许上海、深圳的外资金融机构经营人民币业务，允许天津、大连的外资金融机构可以申请经营人民币业务，外国投资者可以申请设立独自或者合作金融租赁公司经营金融租赁业务。2006年，出台《中华人民共和国外资银行管理条例实施细则》，基本取消了外资进入中国的地域、客户、业务上的非审慎限制，银行业实现了全面的开放。在扩大开放过程中，银行业通过引进战略投资者学习借鉴国外先进经验，代表性的例子就是 2004 年兴业银行引进恒生银行、新加坡政府直接控制的公司与国际金融公司的案例。同时，

中资银行在海外加快设立分支机构，推动银行业双向开放在新的起点上蓬勃发展。受 2008 年爆发的国际金融危机影响，外资银行在华业务呈现一定程度的收缩，但银行业进一步扩大开放的大方向没有改变。在 2014 年以来相继出台的《外资银行行政许可事项实施办法》《外资银行管理条例》《关于外资银行开展部分业务有关事项的通知》等开放举措的推动下，中国银行业开放扎实有序向前推进。

从证券业看，由于其入世过渡期只有 3 年，所以 2002 年证券业出台了一系列扩大开放的重要政策措施：1 月 8 日证监会出台《证券公司管理办法》，规定境外机构可在境内设立合资公司；6 月颁布《外资参股证券公司设立规则》和《外资参股基金管理公司设立规则》，对外资参股证券公司和基金公司的条件、程序、业务范围作出明确的规定。过渡期结束后，中国证券业进入自主开放阶段，开放的主要方向是进一步放开合资证券公司股比限制。与此同时，在《关于建立更紧密经贸关系》（CEPA）框架下进一步加强内地同港澳开放合作成为证券业扩大开放的重要组成部分，而中国自由贸易试验区的设立为此提供了重要制度支撑。2016 年，申港证券作为内地与香港合资的首家全牌照券商在上海自贸区开业，而恒生前海基金管理有限公司作为首家外资控股的公募基金公司也顺利获批，标志着 CEPA 框架下的中国证券业开放推进到一个更高的水平。

从保险业看，入世之后中国保险业开放加快推进。保监会于 2001 年 12 月颁布并于 2002 年 2 月 1 日正式实施的《中华人民共和国外资保险公司管理条例》对外资保险公司设立的条件、业务范围、法律责任等进行了全面的规定；2002 年发布《关于修改〈保险公司管理规定〉有关条文的决定》，对于 WTO 原则和入世承诺不符的条款进行清理；2003 年 12 月宣布允许外资财产险公司经营除法定保险业务以外的全部非寿险业务；2004 年放开外资非寿险机构在华设立公司形式限制。这一系列开放举措标志着中国保险业进入全面开放的新阶段。

第二节　中国金融开放的发展现状

当前，中国金融开放呈现良好发展态势，金融服务业双向开放稳步推进，资本账户开放程度进一步提升，人民币国际化进程加快发展，中国金融体系的开放程度和国际竞争力显著提升。

一、金融服务业双向开放

（一）银行业

当前，中国银行业双向开放取得积极进展，主要包括三个方面的内容。一是外资银行业金融机构在华发展良好。截至 2017 年年底，共有 14 个国家和地区的银行在华设立 38 家外商独资银行、1 家合资银行；30 个国家和地区的 73 家外国银行在华设立了 122 家分行，另有 46 个国家和地区的 143 家银行在华设立了 163 家代表处。从"一带一路"沿线国家看，截至 2017 年年底，共有 21 个"一带一路"沿线国家和地区的 55 家银行在华设立了 7 家外资法人银行、19 家外资银行分行和 38 家外国银行代表处。从资产总额占比方面，如表 6.1 所示，截至 2017 年年底，在华外资银行资产总额 3.24 亿元，增长 10.8%，占银行业金融机构总资产比为 1.29%，银行业开放发展的前景仍十分广阔。

表 6-1　在华外资银行营业机构资产情况

项目	2010	2011	2012	2013	2014	2015	2016	2017
资产（亿元）	17423	21535	23804	25577	27921	26820	29286	32438
占银行业金融机构总资产比（%）	1.83	1.90	1.78	1.69	1.62	1.35	1.26	1.29

数据来源：《中国银行业监督管理委员会 2017 年报》。

二是银行业"走出去"稳步推进。2017 年，共有 5 家中资银行在 13 个国家和地区新设了 13 家一级机构，共有 3 家中资银行在 5 个"一带一路"沿线国家设立了 5 家一级机构，包括 4 家分行和 1 家代表处。截至 2017 年年底，共有 23 家中资银行在 65 个国家和地区设立了 238 家一级机构，包括 55 家子行、141 家分行、39 家代表处和 3 家合资银行。其中，共有 10 家中资银行在 26 个"一带一路"沿线国家设立了 68 家一级机构，包括 17 家子行、40 家分行、10 家代表处和 1 家合资银行。

（二）证券业

当前，中国证券业双向开放力度进一步加大，主要表现在以下四个方面。一是企业海外融资进展顺利。2017 年，32 家境内企业实现境外融资 2165 亿港元，其中 IPO 融资 561 亿港元，再融资 1604 亿港元。截至 2017 年年底，累计 275 家境内企业到境外上市，融资总额 26754 亿港元。

二是 QFII、RQFII 扎实推进。稳步推进 QFII、RQFII 资格审批，RQFII 试点投资额度进一步增加至 17400 亿元人民币，香港 RQFII 额度增至 5000 亿元人民币，2017 年批准 19 家境外机构 QFII 和 RQFII 资格。截至 2017 年年底，共批准 310 家境外机构 QFII 资格、

226 家境外机构 RQFII 资格。

三是证券服务领域双向开放积极推进。2017 年 7 月，汇丰银行持股 51% 的汇丰前海证券作为中国境内首家由境外股东控股的证券公司正式成立，标志着金融开放力度的进一步加大；11 月，中国政府对外宣布将大幅放宽外国投资者投资证券、基金管理和期货公司的投资比例限制放宽至 51%，上述措施实施三年后，投资比例不受限制，并将逐步放宽外资投资证券公司业务范围，外资准入放宽取得显著成效。截至 2017 年年底，共有 13 家合资证券公司、44 家合资基金管理公司和 2 家合资期货公司；共有 31 家证券公司、24 家基金公司在境外设立或收购了 56 家子公司，20 家期货公司设立 21 家境外子公司，证券服务领域双向开放稳步推进。

四是对港澳台开放进一步加强。根据 CEPA 服务贸易协议，对港、澳资合资机构开放力度进一步提高，批准设立汇丰前海证券（港资控股 51%）、东亚前海证券两家两地合资全牌照证券公司。截至 2017 年年底，内地证券公司、基金管理公司和期货公司分别在中国香港地区设立或收购了 31 家、24 家和 20 家子公司。基金产品互认稳步推进，10 只获批的北上互认基金中，有 8 只已经在内地公开销售，合计销售保有净值约 130.7 亿元人民币。50 只已获批的南下互认基金中有 24 只已经开始在香港地区公开销售，合计销售保有净值约 3.9 亿元人民币。

（三）保险业

保险业开放程度进一步提升。首先，履行 WTO 承诺，基本实现全面对外开放。中国加入 WTO 时，允许外国非寿险公司在中国设立分公司或合资公司，合资公司中的外资股比可以达到 51%；中国

加入 WTO 两年后,取消企业设立形式限制;允许外国寿险公司设立外资比例不得超过 50% 的合资公司;合资保险经纪公司外资股比可以达到 50%;加入后 5 年内,外资股比不超过 51%;加入后 5 年内,允许设立全资外资子公司。当前,作为开放时间最早的金融行业,保险业目前已经基本实现全面对外开放,在金融业各子行业中开放力度最大。

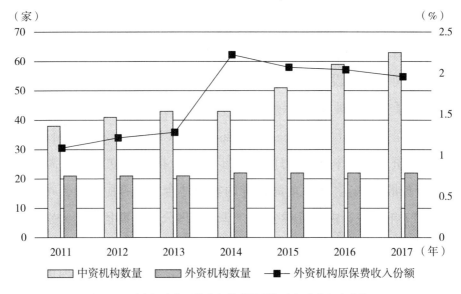

图 6-1　财产保险公司外资机构数及原保险保费收入占比情况

数据来源:中国保险监督管理委员会网站。

其次,外资保险机构蓬勃发展。随着保险业全面对外开放的实现,外资保险机构在华加快发展,如图 6.1 和图 6.2 所示。截至 2017 年年末,共有外资保险业营业性机构 71 家,外资保险公司总资产 1.03 万亿元,增长 13.33%;2017 年全年外资保险公司保费收入 2140.06 亿元,增长 35.7%,外资保险公司的总资产份额和保费收入市场份额分别为 6.71% 和 5.85%。

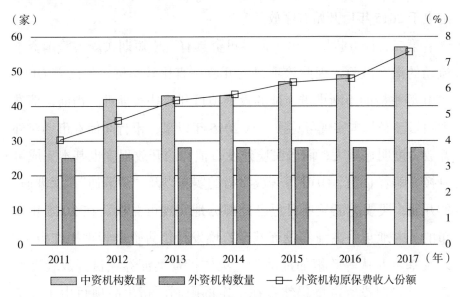

图 6-2　人身保险公司外资机构数及原保险保费收入占比情况

数据来源：中国保险监督管理委员会网站。

二、资本账户开放

资本账户开放主要包括四个方面的内容：直接投资与不动产、证券投资、对外债权与债务和个人交易。分项看，中国资本账户开放情况如下。

第一，直接投资与不动产。中国直接投资作为利用外资和推动中国企业"走出去"息息相关的重要渠道，已经实现基本可兑换。而当前仍然保留的对 FDI 的事前审批是确保中国经济金融安全的必要举措，也符合世界各国的通行做法。不动产交易项目下的资本流出基本放开，但外资进入境内不动产仍然存在一定的约束，比如

2006 年中国住建部发布的《关于规范房地产市场外资准入和管理的意见》就对外资进入境内房地产领域做出明确的规定；但是这些规定也于 2015 年后开始有序放开。

第二，证券投资。由于证券投资具有造成短期大规模跨国资本流动的潜在风险，因此该项目的开放一直比较稳健。但随着 QFII、QDII 等举措的不断推进，证券投资项目开放扎实推进。当前，债券类项目已经基本实现可兑换，从 2015 年以来，银行间债券市场对外开放力度明显增大，而居民境外发行债券的开放程度也基本完成可兑换。随着 QFII、QDII 等开放举措的实施以及"沪港通""深港通"的开通，股票类证券项目也已经部分地实现可兑换。在 2015 年发布的《内地与香港证券投资基金跨境发行销售资金管理操作指引》以及基金互认等政策的推动下，集体投资类证券项目开放程度明显提升，但投资额度仍然存在一定的限制。衍生品项目由于风险较高、监管难度较大，开放程度相对较低，但 2015 年以来开放步伐也明显加快。

第三，对外债权与债务。该项目开放程度相对较高，基本实现了部分可兑换。其中，境内机构对外借款开放程度较高，尤其是境内银行对外借款基本不受约束；但境内机构借用外债则面临较多约束，并且外资企业比中资企业借外债更为便利。而 2015 年开始在张家港保税区、北京市中关村和深圳前海实行外债宏观审慎管理试点对此作出重要的努力。

第四，个人交易。个人交易项目目前实行部分可兑换，在资产转移、礼品捐赠等方面受购汇额度限制，移民类大额财产转移和金融交易仍面临一定约束。

综上所述，在资本项目开放的总体进程中，对外债权和债务、直接投资与不动产两个项目的可兑换程度较高，而证券投资、个人交易两个项目的开放程度则有待进一步提升。从上述进展可以看出，近年来，中国资本项目可兑换取得了明显的成绩，并且正处于进一步提升的过程中。

三、人民币国际化

2009 年以来，人民币国际化的进程加快推进，跨境人民币证券投融资稳步开放，熊猫债、人民币"点心债"发展形势良好，RQFII、RQDII 业务有效开展，"沪港通""深港通""债券通"和基金互认积极推进，以一系列双边本币互换协议为标志的双边货币合作深化拓展，人民币的应用范围不断扩大。2015 年 11 月 30 日，国际货币基金组织（IMF）决定将人民币纳入特别提款权（SDR）货币篮子；2016 年 10 月 1 日，新的 SDR 篮子正式生效，各国货币权重进行了新的调整，美元、欧元、人民币、日元、英镑的权重分别为 41.73%、30.93%、10.92%、8.33% 和 8.09%，对应的货币数量分别为 0.58252、0.38671、1.0174、11.900、0.085946。人民币纳入 SDR，顺应了国际货币体系发展的客观要求，成为人民币国际化的重要里程碑。"入篮"之后，各国中央银行的人民币资产成为外汇储备，有力地推动了人民币国际化水平的进一步提升。

根据中国人民银行《人民币国际化报告（2017 年）》公布的数据，2016 年，跨境人民币收付金额合计 9.85 万亿元，占同期本外币跨境收付金额的比重为 25.2%，人民币已连续六年稳居中国第二大跨境收付货币地位。据不完全统计，截至 2016 年年末，共有 60 多个国家和地区将人民币纳入外汇储备，人民币的国际使用稳步发展。

第三节　中国金融开放的经验总结

金融开放是中国进一步扩大对外开放的重要一环，也是事关改革发展稳定大局扎实推进的关键一招。回顾金融开放的基本历程，通过横向比较总结中国金融开放的基本经验，对于在新的历史条件下进一步扩大金融开放具有重要的指导和借鉴意义。具体而言，中国金融开放的基本经验主要包含以下四个方面的内容。

一、协调有序推进各领域开放，稳步推动资本账户开放

从各国发展经验看，金融开放是一个多层次、多领域的系统工程，金融服务业开放、金融市场开放、人民币汇率形成机制市场化改革、经常项目和资本项目可兑换以及人民币国际化等都是金融开放的有机组成部分。中国金融开放的重要经验就是将各组成部分作为一个整体，相互策应、统筹推进。比如，中国金融市场的开放，尤其是证券市场的开放，充分考虑到人民币汇率的稳定性和对跨境资本流动的有效管控，避免该领域的"单兵突进"对整个金融体系产生严重影响。同时，中国汇率形成机制改革与资本项目开放始终相互照应，相互协调，避免"不可能三角"中的矛盾激化。与此形成鲜明对比的是1997年亚洲金融危机之前泰国的金融开放。当时，泰国尽管已经实现了泰铢资本项目可兑换，但是依然坚持紧钉美元的汇率制度，给了国际投资资本可乘之机，造成严重的金融混乱。

在金融开放各部分中，资本项目可兑换关涉面极广，必须统筹谋划，有序推进。中国在推进跨境资本流动方面十分慎重和稳健，

这一做法有效降低了 1997 年亚洲金融危机、2008 年国际金融危机对中国金融体系的冲击。这与在 IMF 鼓动下匆忙推动资本项目开放的东南亚等国家形成鲜明对比。亚洲金融危机的爆发给过快放松资本管制的国家以沉重的打击，促使 IMF 对资本项目开放政策做出深刻反思，开始承认资本项目开放的利弊有赖于一国特定的发展环境，并非放之四海而皆准[①]；IMF 对资本开放态度更加谨慎和保守。

二、依托有效开放平台，由点及面推进"渐进式"金融开放

中国金融开放的有效推进充分利用了改革开放的重大机遇和有利条件。20 世纪 80 年代初以来，经济特区、沿海开放城市和沿海经济开放区、综合配套改革试验区、自由贸易试验区和中国特色自由贸易港等高水平综合开放平台的建立为金融开放提供了重要载体和制度基础，而温州市金融综合改革试验区、珠三角金融改革创新综合试验区、云南省广西壮族自治区建设沿边金融综合改革试验区等金融类开放平台为金融开放提供了针对性的推进平台。2003 年以来，内地与香港和澳门《关于建立更紧密经贸关系的安排》（CEPA）成为扩大对外开放尤其是金融开放的重要契机，中国金融开放程度显著提升。回顾中国金融开放的发展历程，一个重要经验就是，有效地选择合适的开放窗口、开放平台和开放框架，有序推进由试点地区开放到全国开放、由对港澳等局部区域开放到对全球各国全面

[①] IMF, The Liberalization and Management of Capital Flows: An Institutional View, IMF, November 14, 2012.

开放的渐进式金融开放进程。这一金融开放模式，有力地推动了中国金融体系竞争力稳步提升，促进金融开放水平的有序推进，保障系统性金融风险得到有效遏制。

三、紧扣经济社会发展基本目标，充分发挥金融开放的增长促进作用

金融开放本身不是目标，而是手段；中国金融开放的一个重要特征是牢牢把握金融开放服务国家经济社会发展目标这一基本方向。在改革开放的每个时期，金融开放的推进都紧扣当时经济社会发展的主要矛盾和阶段性目标进行谋划。比如，在改革开放初期，金融开放主要围绕加大外资利用力度、积累外汇储备配合国家经济建设来开展工作。入世以来尤其是 2008 年国际金融危机发生以来，中国经济社会发展的目标和任务发生明显变化，更加注重增强金融业的总体实力和国际竞争力，进一步推动金融服务实体经济，更好服务中国"引进来"和"走出去"双向开放进程。这一阶段金融开放的主要目标就是通过开放市场引进国外先进管理经验，提升金融体系竞争力，有序推动人民币国际化进程，扩大金融业双向开放力度。因此，坚持服务经济社会发展总体目标，是确保金融开放始终沿着正确轨道前进的重要经验，有效发挥了金融开放和金融体系竞争力提升对经济社会发展的促进和支撑作用。

四、夯实国内经济金融基础，加强监管能力建设

中国金融开放的过程也是不断夯实国内经济和金融基础的过程，这是推进金融开放平稳有序前进的重要保障。在开放过程中，中国始终将培育健康稳定的国内经济基础作为重要依托，积极防范和化

解系统性金融风险，审慎处理金融业和金融市场对外开放、汇率形成机制市场化改革和人民币经常项目和资本项目可兑换与中国宏观经济和金融体系稳定的关系，立足保障稳健的国内宏观经济金融环境推动金融开放。在 1997 年亚洲金融危机、2000 年互联网泡沫破灭等金融风险的冲击下，中国积极加强监管能力建设，着力练好"内功"，确保金融业的扩大开放拥有一个健康稳定的内外部环境。这一做法与墨西哥、泰国的金融开放进程形成鲜明对比，有效避免了无序开放和盲目开放造成的金融风险，为中国金融开放的稳步发展提供持久的推动力。

第四节　新时代金融开放的新方针

一、金融开放应坚持自主、有序、平等、安全的方针

作为国民经济的血液，金融开放是对外开放总体布局的重要组成部分，对于形成实体经济全面对外开放格局具有重要的支撑作用。金融开放要坚持自主、有序、平等、安全的方针。

自主就是要以我为主，把金融开放摆在国家发展全局中考量，服从和服务于发展更高层次的开放型经济。有序就是分清轻重缓急，明确先后次序。平等就是要本着平等互利的原则，通过谈判协商推进与有关国家双向开放，争取最大的国家利益，实现互利共赢；平等不是对等，对外开放很难做到完全对等。安全，就是要强化底线思维，把握好金融开放力度和节奏，在扩大开放中提高金融企业竞争力、金融风险防范能力和国家经济金融安全

保障水平。

二、推进金融开放应着力推进三大重点任务

（一）积极有为扎实推进人民币国际化，稳步实现资本项目可兑换。

一是人民币国际化是大势所趋，人民币早晚要成为世界货币，这个前进目标不应改变。

二是要顺势而为，水到渠成，从根本上取决于综合国力。人民币国际化是个自然历史过程，要顺应规律，同现代化建设相辅相成，统筹考虑。要统筹协调在岸和离岸人民币市场，建设人民币跨境支付系统，在对外合作中注重本币优先，重点扩大周边国家和"一带一路"沿线国家人民币使用，拓展人民币计价结算、投资交易和储备功能。

三是人民币国际化要求稳步推进资本项目可兑换，要找到兼顾国情和国际标准的对接区，有序推进资本账户开放。目前中国90%以上的资本项目已实现可兑换、基本可兑换和部分可兑换。从国际经验看，重要经济体没必要百分百开放，要在提高风险防范能力、留后手的前提下，对条件成熟的项目逐步放开，有序实现资本项目可兑换，提高贸易投资便利化程度，推动人民币国际化行稳致远。要不断完善宏观审慎政策体系，保留紧急情况下的特定处置手段，把人民币国际化可能带来的风险降到最低。

（二）积极稳妥推进金融业双向开放。

要把握好金融开放步伐，合理安排开放顺序。对那些有利于保护金融消费者权益，有利于增强金融有序竞争，有利于防范金融风险的举措可加快推进。对那些情况复杂、不确定性较大的举措，要慎重行事，从中国实际出发。

稳步扩大金融对外开放，做好金融引进来工作。落实准入前国民待遇加负面清单制度，进一步调整对外资在银行、证券、保险业的一些规定和做法，在设立形式、股东资质、持股比例、业务范围、牌照数量等方面给予更大空间。应减少外资金融机构产品和服务许可壁垒，清理与国际标准不符的法律法规以及筹资限制等问题，改进额度限制、各个监管机构的"窗口指导"以及信息技术服务监管要求，完善分支机构调整（拓展或收缩）审批程序。

同时，要借鉴发达国家的金融开放经验，要注重金融安全防护网建设。

金融走出去，要着力加强"一带一路"建设和国际产能合作金融服务，坚持企业主体、市场导向、商业原则和国际惯例，用好各类资金，为"一带一路"建设和国际产能合作提供长期、稳定、可持续的金融支持，切实保障跨境投融资安全。

（三）积极参与全球金融治理。

推动国际货币体系和金融监管改革，提升中国的话语权和影响力。加强与主要经济体经济金融政策协调，推动多边监管合作和规则互认，推动中国先进行业标准和监管标准走出去，提高中国在国际金融组织中的地位和作用。推动亚洲基础设施投资银行、金砖国家新开发银行建成开放、多元、共赢的金融合作平台。

第七章 "一带一路"建设成就、经验和未来发展方向

    "一带一路"建设5年来，顶层设计"四梁八柱"基本确立，"六廊六路多国多港"有序铺开，经贸投资与金融合作稳步推进，多层次人文交流持续深化，各地各部门协同发力，取得了超出预期的丰硕成果。本章在梳理这些建设成就的基础上，总结"一带一路"建设的基本经验，并为下一阶段"一带一路"倡议的建设提出相应的政策建议和发展方向。

第一节 "一带一路"建设取得的丰硕成果

    "一带一路"建设是中国在新时代推动全方位对外开放的重大举措和顶层设计。党的十九大报告指出，要以"一带一路"建设为重点，坚持引进来和走出去并重，遵循共商共建共享原则，加强创新能力开放合作，形成陆海内外联动、东西双向互济的开放格局。5年来，"一带一路"建设从无到有、由点及面，取得了超出预期的丰硕成果。

一、顶层设计"四梁八柱"确立，合作机制日益完善

一是顶层设计确立。2015年3月国家发展改革委、外交部、商务部在国务院授权下联合发布了《推动共建丝绸之路经济带和21世纪海上丝绸之路的愿景与行动》，描绘了"一带一路"的顶层设计和宏伟蓝图。目前，"一带一路"建设的主体框架、战略和规划对接以及合作机制建设已经形成，五大方向和"六廊六路多国多港"主体框架确立，具体内容见专栏1。

专栏7-1 "一带一路"的五大方向和主体框架

从五大方向看，"一带一路"建设包括五大方向。其中丝绸之路经济带有三大走向，一是从中国西北、东北经中亚、俄罗斯至欧洲、波罗的海；二是从中国西北经中亚、西亚至波斯湾、地中海；三是从中国西南经中南半岛至印度洋。21世纪海上丝绸之路有两大走向，一是从中国沿海港口过南海，经马六甲海峡到印度洋，延伸至欧洲；二是从中国沿海港口过南海，向南太平洋延伸。

从主体框架看，"一带一路"建设形成了"六廊六路多国多港"的合作框架。"六廊"是指新亚欧大陆桥、中蒙俄、中国—中亚—西亚、中国—中南半岛、中巴和孟中印缅六大国际经济合作走廊。"六路"指铁路、公路、航运、航空、管道和空间综合信息网络。"多国"是指一批先期合作国家；中国在与沿线国家平等互利合作基础上选择一些国家开展率先合作，发挥合作的示范效应。"多港"是指若干保障海上运输大通道安全畅通的合作港口，通过与"一带一路"沿线国家共建一批重要港口和节点城市，进一步繁荣海上合作。

改革开放40年
中国经济发展系列丛书

二是合作共识不断加强。与86个国家和国际组织签署了100多份共建"一带一路"的合作文件，共建"一带一路"倡议及核心理念被纳入联合国、二十国集团、亚太经合组织、上海合作组织等重要国际机制成果文件，成为全球共识。

三是战略及规划对接有效开展。积极推动"一带一路"建设与哈萨克斯坦"光明之路"、沙特阿拉伯"西部规划"、蒙古国"草原之路"、欧盟"欧洲投资计划"、东盟"互联互通总体规划2025"、波兰"负责任的发展战略"、印度尼西亚"全球海洋支点"构想、土耳其"中间走廊"倡议、塞尔维亚"再工业化"战略、亚太经合组织互联互通蓝图、亚欧互联互通合作、联合国2030年可持续发展议程等战略的对接，与先期签署备忘录的国家共同编制双边合作规划纲要，编制并签署中蒙俄经济走廊建设规划纲要和中哈（萨克斯坦）、中白（俄罗斯）、中捷（克）对接合作文件，开展同老挝、柬埔寨、孟加拉国、塔吉克斯坦、沙特阿拉伯、波兰、匈牙利等国的规划对接。

四是合作机制日益完善。中国与沿线国家互联互通、贸易投资、产能合作、人文交流等的双边合作机制建设不断加强。积极构建"一带一路"多边合作机制与合作平台，强化上合组织峰会、亚信峰会、中非合作论坛、中国—太平洋岛国经济发展合作论坛、泛北部湾经济合作论坛、中国共产党与世界对话会等多边合作平台与中国—东盟博览会、中国—亚欧博览会、中国—阿拉伯国家博览会、中国—南亚博览会及中国—中东欧国家投资贸易博览会等大型展会的合作促进作用。积极推动与沿线国家政党、议会、地方、民间等交流机制建设。

五是首届"一带一路"国际合作高峰论坛成功举办。2017年5

月 14 日至 15 日，第一届"一带一路"国际合作高峰论坛在北京举行，这是新中国成立以来由中国首倡、中国主办的层级最高、规模最大的多边外交活动，29 位外国元首、政府首脑及联合国秘书长、红十字国际委员会主席等 3 位重要国际组织负责人出席论坛，来自 130 多个国家的约 1500 名各界贵宾作为正式代表出席论坛，形成了五大类 279 项具体成果，发布了圆桌峰会联合公报。

二、"六廊六路多国多港"有序铺开，"硬联通""软联通"双向推进

一是六大经济走廊建设全面展开。目前，新亚欧大陆桥经济走廊建设成效显著，中蒙俄经济走廊推进实施，中国—中亚—西亚经济走廊合作框架形成，中国—中南半岛经济走廊稳步推进，中巴经济走廊建设全面铺开，孟中印缅经济走廊正式启动，具体成果见表 7-1。

表 7-1 六大经济走廊及其建设成绩

六大走廊	建设进度及成绩
新亚欧大陆桥经济走廊建设	截至 2016 年年底，中欧班列运行路线达 39 条，开行近 3000 列，覆盖欧洲 9 个国家、14 个城市，成为沿途国家促进互联互通、提升经贸合作水平的重要平台。中哈国际物流合作项目进展顺利，中哈霍尔果斯国际边境合作中心建设稳步推进。比雷埃夫斯港运营顺利，为中希（腊）互利共赢作出贡献。
中蒙俄经济走廊	2014 年 9 月 11 日，中国国家主席习近平在出席中国、俄罗斯、蒙古国三国元首会晤时提出，将"丝绸之路经济带"同"欧亚经济联盟"、蒙古国"草原之路"倡议对接，打造中蒙俄经济走廊。2015 年 7 月 9 日，三国有关部门签署了《关于编制建设中蒙俄经济走廊规划纲要的谅解备忘录》。2016 年 6 月 23 日，三国元首共同见证签署了《建设中蒙俄经济走廊规划纲要》，这是共建"一带一路"框架下的首个多边合作规划纲要。

续表

六大走廊	建设进度及成绩
中国—中亚—西亚经济走廊	2014年6月5日，中国国家主席习近平在中国—阿拉伯国家合作论坛第六届部长级会议上提出构建以能源合作为主轴，以基础设施建设、贸易和投资便利化为两翼，以核能、航天卫星、新能源三大高新领域为突破口的中阿"1+2+3"合作格局。2016年G20杭州峰会期间，中哈（萨克斯坦）两国元首见证签署了《中哈丝绸之路经济带建设和"光明之路"新经济政策对接合作规划》。中国与塔吉克斯坦、吉尔吉斯斯坦、乌兹别克斯坦等国签署了共建丝绸之路经济带的合作文件，与土耳其、伊朗、沙特、卡塔尔、科威特等国签署了共建"一带一路"合作备忘录。中土双方就开展土耳其东西高铁项目合作取得重要共识，进入实质性谈判阶段。
中国—中南半岛经济走廊	2016年5月26日，第九届泛北部湾经济合作论坛暨中国—中南半岛经济走廊发展论坛发布《中国—中南半岛经济走廊倡议书》。中国与老挝、柬埔寨等国签署共建"一带一路"合作备忘录，启动编制双边合作规划纲要。推进中越陆上基础设施合作，启动澜沧江—湄公河航道二期整治工程前期工作，开工建设中老铁路，启动中泰铁路，促进基础设施互联互通。设立中老磨憨—磨丁经济合作区，探索边境经济融合发展的新模式。
中巴经济走廊	2015年4月20日，中巴两国领导人出席中巴经济走廊部分重大项目动工仪式，签订了51项合作协议和备忘录，其中近40项涉及中巴经济走廊建设。"中巴友谊路"——巴基斯坦喀喇昆仑公路升级改造二期、中巴经济走廊规模最大的公路基础设施项目——白沙瓦至卡拉奇高速公路顺利开工建设，瓜达尔港自由区起步区加快建设，走廊沿线地区能源电力项目快速上马。
孟中印缅经济走廊	2013年12月，孟中印缅经济走廊联合工作组第一次会议在中国昆明召开，各方签署了会议纪要和联合研究计划，正式启动孟中印缅经济走廊建设政府间合作。2014年12月召开孟中印缅经济走廊联合工作组第二次会议，广泛讨论并展望了孟中印缅经济走廊建设的前景、优先次序和发展方向。

资料来源：根据六大走廊的进展整理。

二是互联互通项目稳步推进。设施联通推进速度不断加快，交通、能源、信息网络、港口与海洋经济合作等项目建设提速。截至2018年2月底，中欧班列累积开行数量突破7000列，到达欧洲13

个国家、39个城市。

表7-2 互联互通项目建设的各方面推进情况

类别	具体进展
交通基础设施	中老铁路、匈塞铁路、中俄高铁、印尼雅万高铁、巴基斯坦白沙瓦至卡拉奇高速公路、中巴喀喇昆仑公路二期升级改造、比雷埃夫斯港、汉班托塔港、瓜达尔港等标志性项目建设取得进展。埃塞俄比亚的斯亚贝巴—吉布提铁路建成通车。
能源设施联通	中俄原油管道、中国—中亚天然气管道A/B/C线保持稳定运营，中国—中亚天然气管道D线和中俄天然气管道东线相继开工，中巴经济走廊确定的16项能源领域优先实施项目已有8项启动建设。中国与俄罗斯、老挝、缅甸、越南等周边国家开展跨境电力贸易，中巴经济走廊、大湄公河次区域等区域电力合作取得实质性进展，合作机制不断完善。
信息网络联通	截至2016年年底，中国通过国际海缆可连接美洲、东北亚、东南亚、南亚、大洋洲、中东、北非和欧洲地区，通过国际陆缆连接俄罗斯、蒙古国、哈萨克斯坦、吉尔吉斯斯坦、塔吉克斯坦、越南、老挝、缅甸、尼泊尔、印度等国，延伸覆盖中亚、东南亚、北欧地区。中国政府有关部门还与土耳其、波兰、沙特阿拉伯等国机构签署了《关于加强"网上丝绸之路"建设合作促进信息互联互通的谅解备忘录》，推动互联网和信息技术、信息经济等领域合作。
港口建设与海上合作	修复和完善瓜达尔港港口生产作业能力。承建的斯里兰卡汉班托塔港项目。中国宁波航交所发布"海上丝绸之路航运指数"，服务21世纪海上丝绸之路航运经济。 推进海洋经济合作，加快建设马来西亚马六甲临海工业园，加快缅甸皎漂港"港口+园区+城市"综合一体化开发，开展与荷兰合作开发海上风力发电，推动与印尼、哈萨克斯坦、伊朗等国的海水淡化合作项目落实。

资料来源：根据项目建设情况和有关政策文件整理。

三是"软联通"有序开展。加快项目建设规划对接，与欧盟委员会签署谅解备忘录，与老挝、缅甸和泰国共同编制《澜沧江—湄公河国际航运发展规划（2015—2025年）》。2016年9月，《二十国集团领导人杭州峰会公报》通过中国提出的建立"全球基础设施互

联互通联盟"倡议。推动质量技术体系衔接，发布《标准联通"一带一路"行动计划（2015—2017年）》《共同推动认证认可服务"一带一路"建设的愿景与行动》《"一带一路"计量合作愿景和行动》，推进认证认可和标准体系对接。

三、"引进来"和"走出去"有机结合，金融合作取得积极进展

一是经贸合作成果显著。经贸联系不断加强，与"一带一路"沿线国家贸易规模与结构持续优化，2013—2017年，与沿线国家进出口总额达4.2万亿美元，占中国同期进出口总额的四分之一以上；对沿线国家直接投资超过770亿美元，占中国同期对外投资总额的十分之一。

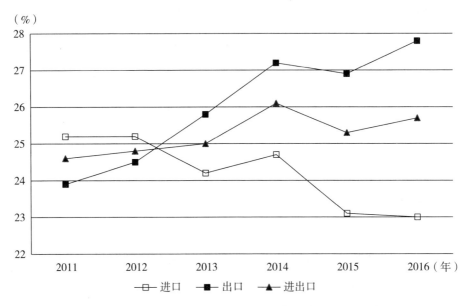

图7-1　2011—2016年中国与"一带一路"沿线国家贸易额占中国与世界贸易总额比重

资料来源：根据世界银行、国际货币基金组织有关数据整理。

从图 7–1 中可看出，2011—2016 年中国与沿线国家贸易额在中国与世界总贸易额的比重总体呈上升态势，由 2011 年的 24.6% 提升至 2016 年的 25.7%；其中，与沿线国家的进口占中国总进口的比重下降了 2.2 个百分点，与沿线国家出口占中国总出口比重上升了 3.9 个百分点。国际产能合作扎实推进，截至 2016 年年底，中国在沿边省区设立了 7 个重点开发开放试验区、17 个边境经济合作区和 2 个双边边境经济合作区，中国企业在"一带一路"沿线 20 个国家正在建设的 56 个经贸合作区累计投资超过 185 亿美元，中白工业园、泰中罗勇工业园、埃及苏伊士经贸合作区等境外园区建设取得显著成效。自贸区网络不断提升，完成中国—东盟自贸区升级、中国—格鲁吉亚自贸谈判，推动区域全面经济伙伴关系协定（RCEP）以及中国—马尔代夫自贸区等协定谈判取得重要进展，推进中国—海合会、中国—以色列、中国—斯里兰卡以及中国—巴基斯坦自贸区第二阶段谈判，推动中国—尼泊尔、中国—孟加拉国自贸区和中国—摩尔多瓦自贸协定联合可行性研究。经贸投资自由化便利化程度不断提高。内容见表 7–3。

表 7–3　各领域经贸投资便利化的成绩和进展

经贸投资便利化	成绩和进展
贸易便利化	启动国际贸易"单一窗口"试点。在口岸开辟哈萨克斯坦、吉尔吉斯斯坦、塔吉克斯坦农产品快速通关"绿色通道"。发布《"一带一路"检验检疫合作重庆联合声明》《"一带一路"食品安全合作联合声明》《第五届中国—东盟质检部长会议联合声明》。与"一带一路"沿线国家和地区签署了 78 项合作文件，推动工作制度对接、技术标准协调、检验结果互认、电子证书联网。
投资便利化	双边投资保护协定谈判进程加快，截至 2016 年年底，中国与"一带一路"沿线 53 个国家签署了双边投资协定，与大部分国家建立了经贸和投资合作促进机制。

改革开放

中国经济发展系列丛书

续表

经贸投资便利化	成绩和进展
人员便利化	中国与巴基斯坦、俄罗斯、菲律宾、塞尔维亚等"一带一路"沿线55个国家缔结了涵盖不同护照种类的互免签证协定，与哈萨克斯坦、捷克、尼泊尔等15个国家达成19份简化签证手续的协定或安排，阿联酋、伊朗、泰国等22个国家单方面给予中国公民免签或办理落地签证入境待遇。
运输便利化	与15个沿线国家签署了包括《上海合作组织成员国政府间国际道路运输便利化协定》《关于沿亚洲公路网国际道路运输政府间协定》在内的16个双多边运输便利化协定，启动《大湄公河次区域便利货物及人员跨境运输协定》便利化措施，通过73个陆上口岸开通了356条国际道路运输线路。与47个沿线国家签署了38个双边和区域海运协定，与62个国家签订了双边政府间航空运输协定，民航直航已通达43个国家。

资料来源：根据"一带一路"建设的有关文件和工作进展整理。

二是金融合作取得新进展。创建亚洲基础设施投资银行，截至2016年年底，亚投行已为9个项目提供了17亿美元贷款。设立丝路基金，通过以股权为主的多种方式为共建"一带一路"提供资金支持，截至2016年年底，丝路基金已签约15个项目，承诺投资额累计约60亿美元，并出资20亿美元设立了中哈产能合作基金。金融机构和金融市场合作不断加强，中国国家开发银行在"一带一路"沿线国家签约项目100余个，金额超过400亿美元，发放贷款超过300亿美元；中国进出口银行在"一带一路"沿线国家签约项目1100余个，金额超过1000亿美元，发放贷款超过800亿美元；中国出口信用保险公司承保"一带一路"沿线国家出口和投资超过3200亿美元；10家中资银行在沿线26个国家设立67家一级机构，海外金融服务体系不断健全。推进本币互换与跨境结算不断取得新进展，中国与"一带一路"沿线24个国家和地区签署了1.4万亿人民币的本币互换协议，与越南、蒙古国、老挝、吉尔吉斯斯坦等国签订了边贸本币结算协定，与俄罗斯、哈萨克斯坦、白俄罗斯、尼泊尔等国签署了一般贸易和投资本币结算协定。中国与17个国家共同核准《"一带一路"融资指导原则》，推进"一带一路"融资体系建设。

四、多层次人文交流持续深化，生态环保合作不断加强

一是教育文化科技合作有效开展。积极推进教育合作，中国为沿线国家培养人才近20万名，每年向"一带一路"沿线国家提供1万个政府奖学金名额，实施《推进共建"一带一路"教育行动》，同60多个国家签订文化合作协定。积极开展旅游合作，与"一带一路"沿线国家互办"旅游年"，连续举办"丝绸之路旅游年"，举办世界旅游发展大会等对话合作，建立丝绸之路（中国）旅游市场推广联盟、海上丝绸之路旅游推广联盟、中俄蒙"茶叶之路"旅游联盟，"一带一路"框架下的双向旅游交流规模超过2500万人次。积极推动科技合作，中国政府与"一带一路"沿线国家签署了46项政府间科技合作协定，设立联合实验室、国际技术转移中心、科技园区等科技创新合作平台。

二是卫生、健康与减贫合作不断强化。推动卫生健康合作，发表《中国—中东欧国家卫生合作与发展布拉格宣言》《第二届中国—中东欧国家卫生部长论坛苏州联合公报》《中国—东盟卫生合作与发展南宁宣言》，实施中非公共卫生合作计划、中国—东盟公共卫生人才培养百人计划等41个项目，设立中捷（克）中医中心等16个中医药海外中心，与15个国家签署了中医药合作协议，与世界卫生组织签署《关于"一带一路"卫生领域合作备忘录》，携手打造"健康丝绸之路"。推动救灾、援助和减贫合作，派遣国家救援队及医疗队

参与尼泊尔地震救援，向马尔代夫、密克罗尼西亚联邦、瓦努阿图、斐济等国提供紧急救灾援助，向泰国、缅甸等国提供防洪技术援助，开展中非减贫惠民合作计划、东亚减贫合作示范等活动，提供减贫脱困、农业、教育、卫生、环保等领域的民生援助。

三是推进生态环境保护合作。中国努力打造以"绿色丝绸之路"为主题的合作平台，举办中国—阿拉伯国家环境合作论坛、中国—东盟环境合作论坛等活动，设立中国—东盟环境保护合作中心，签署《中国环境保护部与联合国环境署关于建设绿色"一带一路"的谅解备忘录》。发布《关于推进绿色"一带一路"建设的指导意见》，推动提高对外合作的"绿色化"水平。积极推进水利合作，推动跨界河流汛期水文数据共享，建立中俄防汛防洪合作机制，积极推动中哈霍尔果斯河友谊联合引水枢纽工程建设和流域冰湖泥石流防护合作，与"一带一路"沿线国家签署了35项林业合作协议，建立中国—东盟、中国—中东欧林业合作机制，举办首届大中亚地区林业部长级会议、中国—东盟林业合作论坛、中俄林业投资政策论坛，发布《"一带一路"防治荒漠化共同行动倡议》，加强荒漠化防治和野生物种保护合作。

五、各地各部门协同发力，政策和体制保障强化

各地区积极参与"一带一路"建设。"一带一路"建设开始以来，各地区积极响应、踊跃参加，很多省份制定出参与"一带一路"的有效方案、行动纲领和发展规划，具体内容见专栏2。截止到2016年，各省市与"一带一路"沿线国家经贸联系呈现良好发展局面（如图7.2所示）。其中，广东、江苏、浙江、北京和上海与沿线国家的经贸联系最为密切，而西藏、青海、宁夏等内陆省份由于经济体量

和区位因素与沿线国家的经贸联系相对较弱、仍需进一步加强。

专栏 7-2　部分省市融入"一带一路"的方案、规划和思路

"一带一路"倡议提出以来，各省市根据自身的情况，纷纷提出了参与"一带一路"建设的思路和方案，具体内容如下：《成都市融入"一带一路"国家战略推动企业"走出去"五年（2016—2020 年）行动计划》；《泉州市建设 21 世纪海上丝绸之路先行区行动方案》；《宁波"一带一路"建设综合试验区总体方案》；《广东省参与丝绸之路经济带和 21 世纪海上丝绸之路建设实施方案》；《广西参与建设丝绸之路经济带和 21 世纪海上丝绸之路的思路与行动》；《河南省参与建设"一带一路"实施方案》；《江西省参与丝绸之路经济带和 21 世纪海上丝绸之路建设实施方案》；《西安市"一带一路"建设 2016 年行动计划》；《宁夏关于融入"一带一路"加快开放宁夏建设的意见》；《湖南省对接国家"一带一路"战略规划实施方案》；《珠海市建设"一带一路"战略支点行动方案》；《福建省 21 世纪海上丝绸之路核心区建设方案》。

从体制保障看，"一带一路"建设实施后，中国政府成立了推进"一带一路"建设工作领导小组，在国家发展和改革委员会设立领导小组办公室，涵盖了发展、改革、政策、外贸、金融、外事和国务院各部门的众多领域，下设综合组、丝绸之路组、海上丝绸之路组和对外合作组四个组。领导小组制定工作方案，推动与沿线国家有序开展合作。2016 年 3 月，《国民经济和社会发展第十三个五年规划纲要（草案）》将"一带一路"列入"十三五"时期主要目标任务和重大举措部分。"十三五"时期主要目标任务和重大举措分为 6 个

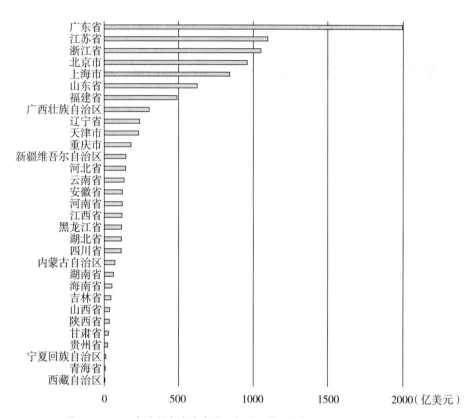

图 7-2　2016 年中国各省市自治区与"一带一路"沿线国家进出口总额

资料来源:《"一带一路"贸易合作大数据报告（2017）》。

方面,"一带一路"作为"深化改革开放、构建发展新体制"重要组成部分,在国际产能合作、贸易升级、高标准自由贸易区网络建设方面发力,推动形成开放型经济新体制新格局。

第二节 "一带一路"建设的基本经验

作为中国推动扩大开放、助力经济全球化发展的重大举措,"一带一路"建设取得了丰硕的成功，也积累了宝贵的经验。这些经验主要体现在如下四个方面。

一、坚持经贸投资自由化便利化大方向，助力全球化进程

在推进"一带一路"倡议过程中，中国始终坚持自由贸易大方向，推动开放合作进程，做全球化的坚定支持者、维护者、建设者。在合作的过程中，"一带一路"相关的国家基于但不限于古代丝绸之路的范围，始终坚持开放包容的态度，各国和国际、地区组织均可参与到"一带一路"的建设过程中来。当前，美国贸易保护倾向不断加强，对多边贸易体制和经济全球化构成严峻挑战。2017年4月，美国对进口钢铁和铝产品启动232项调查。8月，对华发起301项调查，并于2018年4月3日，美国决定对中国约合500亿美元的1300余种进口商品加征25%的关税。在此背景下，中国通过"一带一路"建设维护全球多边自由贸易体制的积极意义更加凸显。在"一带一路"建设过程中，中国旗帜鲜明地反对贸易保护主义，不搞排他性的小圈子，坚持互利共赢，寻求利益契合点和合作最大公约数，推动全球化蹄疾步稳地向前推进。

二、加快体制机制改革进程，推进"以开放促改革"和"以改革促开放"良性互动

在推进"一带一路"建设、构建开放型经济新格局的过程中，中国坚持不懈推进体制改革，着力实现以开放促改革、促发展与以改革促开放的有机统一。一方面，中国积极融入"一带一路"建设进程，推进双边、区域性和多边自贸安排，构建覆盖"一带一路"

的自贸体系，在推动更大程度开放的方面取得了积极成果。2018年4月13日，习近平总书记在庆祝海南建省办经济特区30周年大会上郑重宣布，党中央决定支持海南全岛建设自由贸易试验区，支持海南逐步探索、稳步推进中国特色自由贸易港建设。更高水平的开放发挥了对改革的倒逼和促进作用。另一方面，中国不断加大体制改革力度，推进国内体制机制改革进程，持续推进简政放权、国企改革、外资政策优化、财产权和知识产权保护以及国内自贸区建设等措施，营造稳定、公平、透明营商环境，降低交易成本。2018年5月24日，国务院印发了《进一步深化中国（广东）、（天津）、（福建）自由贸易试验区改革开放方案》，在赋予自由贸易试验区更大改革自主权、进一步深化对外开放方面推出一系列切实举措。这些改革举措为进一步提高中国开放型经济水平、促进经贸投资自由化便利化、助力"一带一路"建设奠定了良好的体制环境和发展基础。

三、积极分享发展成果，促进经贸关系健康协调发展

通过"一带一路"建设，中国积极分享发展成果，通过扩大进口、促进经贸关系均衡协调发展，着力打造人类命运共同体。2018年《政府工作报告》指出，中国要积极扩大进口，办好首届中国国际进口博览会，下调汽车、部分日用消费品等进口关税。扩大进口是中国更好拉动世界经济增长、提供经济复苏的强劲助力的重要举措。同时，中国进一步扩大开放。习近平总书记2018年4月10日在博鳌亚洲论坛2018年年会开幕式上宣布，中国将推出进一步扩大金融业开放，放宽汽车、船舶、飞机等行业的外资股比限制等大幅放宽市场准入的一系列重要举措，中国人民银行随即宣布了取消银行和金融资产管理公司的外资持股比例限制等扩大金融开放的12条具体措

施。2018年4月国务院常务会议决定，从5月1日起，将包括抗癌药在内的所有普通药品、具有抗癌作用的生物碱类药品等进口关税降至零，使中国实际进口的全部抗癌药实现零关税，鼓励创新药进口。2018年5月财政部宣布，自2018年7月1日起，将进口汽车整车税率为25%的135个税号和税率为20%的4个税号的税率降至15%，将进口汽车零部件税率分别为8%、10%、15%、20%、25%的共79个税号的税率降至6%。扩大进口和扩大开放相辅相成，共同推动中国与沿线国家经贸关系的均衡协调和健康发展。

四、坚持市场运作，有效发挥各级政府与社会组织的作用

在"一带一路"建设过程中，发挥市场在资源配置中的决定性作用、有效发挥政府作用，积极调动企业、社会组织的积极性，是保障"一带一路"稳步前进的重要手段。坚持市场运作是推进"一带一路"建设的重要原则和方针。在"一带一路"各领域项目的建设中，积极加强市场需求研判，遵循市场规律，遵守国际通行规则，发挥企业在"一带一路"建设中的重要作用，在市场协调的基础上推进各项建设的有序推进。如图7-3和图7-4所示，从2011年到2016年，民营企业在出口中的占比从46.6%上升为58.9%，在进口中的占比从21.6%上升到28.2%，民营企业成为"一带一路"建设的越来越重要的力量。

同时，政府在"一带一路"建设过程积极发挥共识凝聚、政策协调、战略和规划对接作用，为各领域建设提供建设的政策框架和制度保障。地方政府立足自身比较优势，实施积极主动的开放战略。各类主体有效发挥各自作用，形成发展合力，共同推动"一带一路"

建设的有效推进。

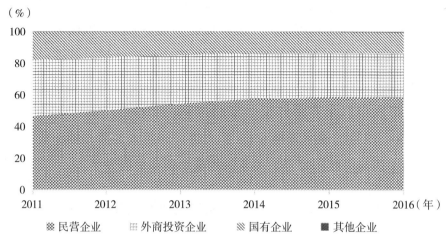

图 7-3　中国各类贸易主体对"一带一路"沿线国家出口占比

资料来源:《"一带一路"贸易合作大数据报告(2017)》。

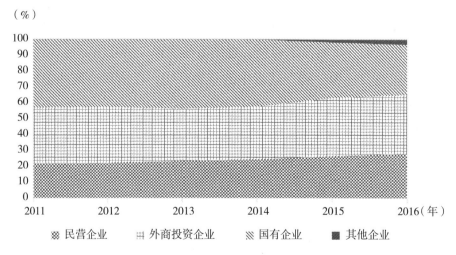

图 7-4　中国各类贸易主体对"一带一路"沿线国家进口占比

资料来源:《"一带一路"贸易合作大数据报告(2017)》。

第三节 "一带一路"建设的发展方向和政策建议

在"一带一路"建设取得的一系列重要成就基础上，针对当前迫切需要解决的关键问题，未来的"一带一路"倡议应当重点做好以下几个方面的工作。

一是完善管理体制和协调机制。进一步完善"一带一路"建设的国内管理机制，在"一带一路"建设工作领导小组下面，建立专职性和独立性的工作机构负责建设工作执行。加强"一带一路"领导机构与各部委相关部门的联系机制建设，以及与各省市区"一带一路"负责机构的工作对接，保证"一带一路"顶层设计和政策规划的落实落地。加快建设"一带一路"研究队伍，配合"一带一路"建设工作领导小组，借鉴马歇尔计划中哈里曼委员会的组建经验，设立"一带一路"研究中心，负责"一带一路"建设中的国别经济跟踪评估、谈判、前期研究和规则制定、融资规模和融资制度设计等方面的工作。加强"一带一路"国际协调机制建设，构建"一带一路国际合作开发组织"，广泛吸收沿线各国作为成员国，以推进"一带一路"区域经济合作发展为目标，以加强区域内国家级协调、规划和研究合作、经济信息共享为抓手，打造"一带一路"区域合作的有效机制和平台。

二是着力提升金融支撑能力。建立"一带一路"多元化融资机制，积极利用国内开发性金融资金，以国家开发银行和中国进出口银行为主，增强丝路基金功能，适当吸引商业银行参与，为"一带

181

一路"建设提供开发性金融支持；积极利用国内保险资金，完善保险资金等机构资金对"一带一路"国内建设项目的投资机制；积极利用国际金融机构资金，发挥亚投行的重要作用，加强与世界银行、亚洲开发银行、欧洲投资银行、欧洲复兴开发银行、北欧投资银行、伊斯兰发展银行、金砖国家新开发银行等国际金融机构的联系与合作，围绕"一带一路"建设需求争取组建国际开发性金融网络，多方拓宽资金来源；积极利用国外主权财富基金，充分调动东道国参与积极性，在弥补基础设施等建设资金缺口的同时减少项目政治风险。创新"一带一路"投融资模式，大力推广PPP模式，加强政府与社会资本合作，根据项目建设的不同情况，灵活采用BOT、BT、TOT等不同融资模式。努力建立完善人民币投融资机制，进一步完善人民币国际化的基础设施，加快人民币跨境支付系统建设，拓宽人民币跨境投融资渠道。

三是稳步推进国际合作和对外援助。构建"一带一路"新型援助发展机制，加快"一带一路"对外援助法治化建设，形成有中国特色、体现大国风范同时又具有较强指导意义的科学务实的对外援助法；建立科学高效的"一带一路"对外援助机制，制定完善对外援助战略，根据战略确定政策内容和目标，提高对外援助的规划水平，加强援外项目管理，提高援外工作效率。逐渐发挥非政府组织（NGO）在"一带一路"的对外援助中的作用，吸取社会资源和力量参与国际援助，扩大援助的规模，通过引导非政府组织平等参与执行国际人道主义救援的任务，而不是简单地把钱拨给受援国的政府，可以提高援助资金的利用效率，达到更好的援助效果。

四是完善风险防控机制。健全经济风险应对机制，打造"一带一路"区域经济信息交流和经济风险联合应对机制。建立"一带一路"沿线国家经济信息共享机制和平台，完善国别风险报告信息披露制度，加强"一带一路"沿线国别经济金融形势分析和投融资风险评估，加强"一带一路"重大项目立项、审批等方面的法律法规信息搜集和披露。充分调用社会各界力量，发挥政府在保障海外利益中的主导作用，加快非政府组织参与应对毒品、恐怖主义等共同安全挑战，发挥市场机制作用，推动安保企业走出去，加强与国际安保机构的合作和对接。加强与国际国内专业评级机构的合作，对合作对象国和重大项目开展项目风险评估，确保对外投资资金安全。构建"一带一路"区域安全磋商与合作框架，健全政治风险应对机制。

第八章　中国区域开放格局演变历程和未来发展方向

改革开放 40 年来，中国的对外开放采取由局部示范到全方位开放的战略路径，实施从沿海地区渐次向沿江、沿边和内陆地区推进的渐进式开放战略，在地域上从南到北、从东到西，从沿海到沿江、沿边，逐步向内地扩展，随着一系列区域开放战略的实施，中国全方位开放格局基本形成。梯度开放使得区域开放程度差距明显，开放度差异成为区域经济发展不均衡的重要因素。未来政策上的区域非均衡的开放将让位于全面统一的对外开放，区域经济实际开放度将更多地由非政策因素决定。

第一节　改革开放以来中国区域开放格局阶段性变化

一、1978—1989：从沿海开放为主的开放试验阶段

党的十一届三中全会确定了"重点开放沿海地区，逐步向内地开放"的战略，经济特区成为中国对外开放最早的试验田和先导示范基地。邓小平说："特区是个窗口，是技术的窗口，管理的窗

口，知识的窗口，也是对外政策的窗口。"1980年8月，全国五届人大批准《广东省经济特区条例》，深圳、珠海、汕头经济特区相继投入开发建设，厦门经济特区也参照条例开始兴建。除了贸易和投资等扩大开放政策外，国家对这些经济特区实行特殊经济管理体制和政策，包括减免税收、提供土地以及其他基础设施配套等，靠政策洼地效应吸引大批国内外投资，推动特区经济加快发展。

　　1984年2月，邓小平充分肯定了经济特区，并提出："可以考虑再开放几个点，增加几个港口城市。"1984年5月，中共中央和国务院决定将大连、秦皇岛、天津、烟台、青岛、连云港、南通、上海、宁波、温州、福州、广州、湛江、北海14个城市定为全国第一批沿海开放城市，赋予这些开放城市在对外经济活动中实行经济特区的某些特殊政策权利，放宽利用外资建设项目的审批权限，增加外汇使用额度和外汇贷款，对"三资"企业在税收、外汇管理上给予优惠待遇，可逐步兴办经济技术开发区等。1985年增加了营口市，1988年增加了威海市作为国家对外开放城市。1985年2月，中共中央、国务院决定把长江三角洲、珠江三角洲和闽南厦门、漳州、泉州三角地区开辟为沿海经济开放区。1985年年初至1987年年底，国务院决定把珠江三角洲、长江三角洲、闽南（漳—泉—厦）三角地区及山东半岛、辽东半岛等开辟为沿海经济开放区。1988年3月，国务院进一步扩大了长江、珠江三角洲和闽南三角洲地区经济开放区的范围，并把辽东半岛、山东半岛、环渤海地区的一些市、县和沿海开放城市的所辖县列为沿海经济开放区。1988年4月，设立海南经济特区，实行比现行经济特区更加开放的政策。自1984年以来，中国先后在营口、大连、秦皇岛、天津、沈阳、北京、廊坊、

石家庄、太原、大同、呼和浩特等城市设立国家级经济技术开发区。最初在沿海开放城市设立特定的资本及技术密集型经济技术开发区、高新技术产业开发区、工业园区、保税区、出口加工区等各类开发区域，后来扩展到全国。

至此，中国沿海开放形成了以开发区为产业载体、以经济特区为城市依托、以珠三角等沿海开放区为产业协同区域的沿海开放格局。

二、1990—1999：深化沿海开放，扩大沿江和沿边开放，内陆开放起步

20 世纪 90 年代初，沿海开放取得巨大成效，同时区域发展差距也逐渐扩大，其负面影响越来越明显，国家开始相应调整区域发展战略，区域开放也逐步由沿海向沿江和沿边扩大。党的十四大确定了"以上海浦东开发开放为龙头，进一步开放长江沿岸城市，尽快把上海建成国际经济、金融、贸易中心之一，带动长江三角洲和整个长江流域地区经济的新飞跃"的目标。1990 年 4 月，国务院批准上海市开发、开放浦东新区，实行经济技术开发区和某些经济特区政策。浦东开发开放重点是发展以金融、贸易为核心的现代服务业和吸引以跨国公司投资为主体的高新技术产业，塑造国际中心城市功能。主要利用国外资金发展外向型经济。1991 年，中国继批准上海外高桥保税区之后，又批准设立深圳福田和沙头角保税区、天津港保税区，规定保税区的功能在于发展保税仓库、保税加工出口和转口贸易。

1991 年，绥芬河、黑河、满洲里等内陆边境城市开始享受对外开放边境贸易的特殊政策。1992 年 1 月中央民族工作会议后，中国

沿边开放战略被正式确定并实施。1992 年，国务院先后批准设立了
广西的凭祥、东兴，云南的河口、畹町、瑞丽，新疆的伊宁、博乐、
塔城，内蒙古的满洲里、二连浩特，黑龙江的黑河、绥芬河，吉林
的珲春和辽宁的丹东 14 个边境经济合作区，总面积 78 平方公里。
为加快合作区建设，国务院制定了包括贴息贷款、税收优惠、财政
定额返还等一系列扶持政策。沿边开放以边贸为先导，以内地为依
托，以经济技术合作为重点，以开拓周边国家市场为目标。边境经
济合作区充分利用周边国家的资源开展经贸合作，形成了各具特色
的经济发展区域。

　　1992 年，中央又决定开放一批沿江城市，开放了重庆、岳阳、
武汉、九江、芜湖等 5 个长江沿岸城市，同时开放一批内陆省会城
市，实行沿海开放城市的政策。进一步开放了乌鲁木齐、南宁、昆
明、哈尔滨、长春、呼和浩特 6 个边境省会城市和一个沿海省会城
市石家庄，接着又开放了太原、合肥、南昌、郑州、长沙、成都等
11 个内陆省会城市；同年，东北、西南和西北地区 13 个边境市、
县，11 个内陆地区省会（首府）城市实行沿海开放城市的政策。此
外，自 1990 年以来，中共中央、国务院同意上海市加快浦东地区的
开发，在浦东实行经济技术开发区和某些经济特区的政策。此后，
国家又先后批准设立天津滨海新区、重庆两江新区、浙江舟山群岛
新区、甘肃兰州新区、广东横琴新区及南沙新区。并对这些国家级
新区实行了更加开放和优惠的特殊政策，鼓励新区开放开发、改革
试验和制度创新。

　　至此，中国区域开放格局已经由沿海开放逐步向沿江和沿边开
放扩展，内陆地区开放也拉开了序幕。

三、2000—2012：沿海沿边沿江继续扩大开放，内地加快开放

随着沿海开发开放战略的实施，区域经济不平衡问题日益突出。为此，国家提出了西部大开发、东北振兴、中部崛起等一系列战略，内地开放步伐明显加快。与此同时，沿海、沿江和沿边开放继续扩大。党的十七大针对沿海、内地与沿边不同的外向性经济发展水平，提出深化沿海开放、加快内地开放、提升沿边开放的发展目标。

首先，西部大开发政策全面启动西部对外开放，提升沿边开放水平。1999年国家做出了西部大开发的战略部署。2000年1月，国务院成立了西部地区开发领导小组，2000年3月，国务院西部开发办正式开始运作。《国务院关于实施西部大开发若干政策措施的通知》（国发〔2000〕33号）明确了西部大开发的系列政策，在扩大开放方面明确了具体措施，如对设在西部地区国家鼓励类产业的内资企业和外商投资企业，在一定期限内，减按15%的税率征收企业所得税。对西部地区内资鼓励类产业、外商投资鼓励类产业及优势产业的项目在投资总额内进口自用先进技术设备，除国家规定不予免税的商品外，免征关税和进口环节增值税。一些领域的对外开放，允许在西部地区先行试点，实行更加优惠的边境贸易政策等。2001年3月，九届全国人大四次会议通过的《中华人民共和国国民经济和社会发展第十个五年计划纲要》对实施西部大开发战略再次进行了具体部署。2002年2月25日，经国务院同意印发原国家计委、国务院西部开发办编制的《"十五"西部开发总体规划》；2006年12月8日，国务院常务会议审议并原则通过《西部大开发"十一五"

规划》；2012 年 2 月，国务院批复同意了《西部大开发"十二五"规划》。2010 年 6 月 29 日，印发了《中共中央、国务院关于深入实施西部大开发战略的若干意见》（中发〔2010〕11 号），总结了西部大开发 10 年成就，同时展望未来 10 年改革开放与发展前景以及重大政策措施，要求深入开展行政管理体制改革、经济体制机制改革以及事业体制改革，扩大对内对外开放，提升沿边开发开放水平，大力发展内陆开放型经济。

其次，老工业基地振兴战略扩大了东北地区的对外开放。2003 年国家做出了实施东北地区等老工业基地振兴战略的重大决策，这是国家自实施沿海发展战略、西部大开发战略之后的又一重大战略决策，也是中国区域经济协调发展的"第三步棋"。2003 年 10 月，中共中央、国务院发布了《关于实施东北地区等老工业基地振兴战略的若干意见》（中发〔2003〕11 号），明确了实施振兴战略的指导思想与原则，要求加快体制创新和机制创新，全面推进工业结构优化升级，推进资源型城市经济转型，大力发展现代农业、服务业，进一步扩大对外对内开放，制定完善相关政策措施。2005 年 6 月，颁布《关于促进东北老工业基地进一步扩大对外开放的实施意见》，在开放政策上又取得了新的突破。鼓励外资以并购、参股等多种方式参与国有企业改组改造。吸收外资加快重点行业和重点企业的技术改造，推进产业升级。积极引导外商投资现代农业、装备制造业、化工业、高新技术产业和农产品加工业等行业。鼓励跨国公司在东北地区以独资或与当地企业、科研机构、高等院校合资的形式设立研发中心。鼓励外资金融机构参股地方城市商业银行、农村信用社改制重组。对于银行、保险、证券等金融外资在东北设立机构给予优先许可。鼓励外商投资交通运输业，扩大外资物流企业试点范围

等。2009 年 9 月 9 日，国务院发布了《关于进一步实施东北地区等老工业基地振兴战略的若干意见》（国发〔2009〕33 号），要求继续深化改革开放，进一步扩大对外开放，深化省区协作，推动区域经济一体化发展，加强基础设施建设，为全面振兴创造条件，优化经济结构，建立现代产业体系。

最后，中部崛起战略推动中部地区开放。2004 年 3 月 5 日，时任国务院总理的温家宝在第十届全国人民代表大会第二次会议上作政府工作报告时，首次明确提出了"促进中部地区崛起"。2004 年正式提出促进中部崛起战略，解决中国经济版图中出现发展速度落后于西部、发展水平落后于东部的"中部塌陷"问题。2005 年中央经济工作会议提出要促进中部崛起。2005 年时任国务院总理的温家宝在作政府工作报告时提出要抓紧研究制定促进中部地区崛起的规划和措施。2005 年 8 月，胡锦涛同志视察河南、江西、湖北时指出，江西可以、也应当在促进中部地区崛起中有更大的作为；湖北要成为促进中部地区崛起的重要战略支点。中部崛起战略被写入"十一五"规划《建议》。2006 年发布了《中共中央、国务院关于促进中部地区崛起的若干意见》。2009 年 9 月 23 日，时任国务院总理的温家宝主持召开国务院常务会议，讨论并原则通过《促进中部地区崛起规划》，指出要加快改革开放和体制机制创新，增强中部地区发展动力和活力。着力打造对外开放平台，加强与东部沿海地区及西部地区的交流合作，促进区域间优势互补、共同发展。

此外，沿海、沿边和沿江开发开放持续推进。2000 年 4 月，国务院批准设立瑞丽姐告边境贸易区。边境贸易区实施投资贸易、税收、工商管理、金融管理等方面的优惠政策，按照"境内关外"模式管理，建立集贸易、加工、仓储、旅游四大功能为一体的贸易区。经过几年的发展，"境内关外"政策效果凸显，贸易形式由边境贸易扩大到一般贸易、过境贸易和转口贸易等多种形式，而且向投资和服务贸易领域拓展。2005 年国家批准设立了霍尔果斯口岸经济合作中心，这是中国首个跨境经济贸易区。总面积为 5.28 平方公里，其中，中方区域面积为 3.43 平方公里，哈萨克斯坦方区域面积为 1.85 平方公里，实行全封闭管理。合作中心中方区域的主要功能定位为贸易洽谈、商品展示和销售、仓储运输、金融服务、举办各类区域性国际经贸洽谈会等。

2005 年以来，国家在总结过去探索经济特区、经济技术开发区开放发展经验基础上，进一步从体制改革探索的角度在全国设立了一批多种类型的国家综合配套改革试验区。这些试验区包括上海浦东新区、天津滨海新区、重庆市、成都市、武汉城市圈、长株潭城市圈、深圳市、沈阳经济区、山西省、黑龙江省、厦门市以及浙江义乌市、温州市。这些试验区从不同方面对体制改革和制度创新进行了探索实践。2008 年，边境经济合作区管辖单位由原来的国务院特区办划转到商务部，对国家级边境经济合作区，比照执行中西部地区国家级经济技术开发区基础设施项目贷款财政贴息的优惠政策。商务部目前正对边境经济合作区展开调研，在土地、金融、税收等方面给出更大力度的优惠政策。

随着西部大开发、东北振兴和中部崛起等一系列区域战略和政策的实施，非均衡的区域开放已经逐步淡出，无论是自东向西、自南向北、沿海到内陆的以政策标注的区域梯次开放实际已经不复存在，中国全方位对外开放的格局业已形成。

四、2013 年以来：海陆联动、东中西协调的高水平对外开放新格局

尽管从政策角度衡量的区域对外开放度差距已经很小，但是由于地理位置、资源禀赋、社会文化、经济基础等发展条件的差异，无论东中西还是沿海内陆的区域实际对外开放水平仍存在巨大差距。2013 年以来，在"一带一路"和自由贸易区战略下，中国开启了海陆联动、东西双向的全面开放格局，多种区域开放形式并存。

首先，通过"一带一路"，打开面向西北的中亚、西亚乃至欧洲的开放大门，使中国西北、西南、东北等沿边地区由对外开放的末梢变为前沿，加快形成区域开放型经济新格局。2013 年习近平总书记先后提出了建设"丝绸之路经济带"和"21 世纪海上丝绸之路"的倡议，简称"一带一路"倡议。2014 年国家编制了《丝绸之路经济带和 21 世纪海上丝绸之路建设战略规划》。2015 年 3 月 26 日，经国务院授权发布了《推动丝绸之路经济带和 21 世纪海上丝绸之路的愿景与行动》，阐述了共建原则、框架思路、合作重点、合作机制、合作内容、中国各地方开放态势、积极行动、共创美好未来等多方面内容，秉持"和平合作、开放包容、互学互鉴、互利共赢"的丝绸之路精神，促进沿线国家互利合作。2017 年 5 月，中国举办首届"一带一路"国际合作高峰论坛。在国家推进"一带一路"建设带动下，增强了各区域之间在"一带一路"框架下的合作关系，促进各区域面向"一带一路"国家开展国际产能合作。党的十九大报告提出，要以"一带一路"建设为重点，坚持引进来和走出去并重，遵循共商共建共享原则，加强创新能力开放合作，形成陆海内外联动、东西双向互济的开放格局。在"一带一路"倡议全局中，促进中西部地区对外开放是重要的考量因素，西部地区与"一带一路"沿线 13 个国家接壤，陆路边境线长达 1.85 万公里，面积占国土的 80%，人口占全国的 23%，具有独特的区位条件和后发优势。西部地区幅员辽阔、资源丰富，承东启西、连通南北，是建设丝绸之路经济带的起点和依托。从区位看，中国西部地区向西、向南、向北都具有开放优势：向西，通过亚欧大陆桥到中亚，到达欧洲；向南，可以加强与巴基斯坦、印度以及南亚和东南亚的合作；向北，则可以延伸至俄罗斯。丝绸之路经济带在空间上形成了串联中外的轴线，成为促进中国与周边国家地区互惠互利交流合作的纽带，有利于西部地区保持经济增长，推动产业升级和提升出口竞争力。

其次，自由贸易试验区成为扩大对外开放的重要试验平台。2013 年 7 月 3 日，国务院常务会议讨论并原则通过《中国（上海）自由贸易试验区总体方案（草案）》，同年 9 月 27 日，国务院印发《中国（上海）自由贸易试验区总体方案》的通知，划定四个片区。2015 年 4 月 20 日，国务院决定进一步扩大至 7 个片区，面积超过 120 平方公里。同时，国务院决定设立中国（广东）自由贸易试验区、中国（天津）自由贸易试验区、中国（福建）自由贸易试验区。2017 年 3 月 31 日，国务院决定增设中国（辽宁）自由贸易试验区、中国（浙江）自由贸易试验区、中国（河南）自由贸易试验区、中国（湖北）自由贸易试验区、中国（重庆）自由贸易试验区、中国（四川）自由贸易试验区、中国（陕西）自由贸易试验区。2018 年 4 月 13 日，习近平总书记在庆祝海南建省办经济特区 30 周年大会上郑重宣布，党中央决定支持海南全岛建设中国（海南）自由贸易试验区，支持海南探索自由贸易港建设。2018 年 5 月 4 日，国务院印发了《进一步深化中国（广东）自由贸易试验区改革开放方案》《进

一步深化中国（天津）自由贸易试验区改革开放方案》《进一步深化
中国（福建）自由贸易试验区改革开放方案》，要求进一步深化广东、
天津、福建自由贸易试验区改革开放，以制度创新为核心，继续解
放思想、先行先试，以开放促改革、促发展、促创新。至此，全国
已经先后设立了12个不同类型的中国自由贸易试验区，赋予其更大
的改革开放自主权，在划定区域内允许外国资金、商品自由进出，
支持各地积极探索国民待遇加负面清单模式的自由贸易试验区管理
经验。自贸区分别在负面清单管理、贸易监管、商事登记、事中事
后监管、海关检验检疫等方面进行了积极探索。其中，重庆将重点
推进"一带一路"和长江经济带联动发展，提升"内陆国际物流枢
纽和口岸高地"对周边地区的辐射带动作用。四川则在探索内陆与
沿海沿边协同开放新模式。辽宁将深化国资国企改革，努力将自贸
试验区建设成为提升东北老工业基地发展整体竞争力和对外开放水
平的新引擎。河南要打造国际交通物流通道，以此降低运输费用。
湖北则重点推动创新驱动发展和促进中部地区与长江经济带战略对
接和有关产业升级。陕西将利用天然的交通枢纽优势推进形成立体
化的开放大通道，以此构建交通商贸物流中心，并以农业科技示范
创新为重点，构建国际产能合作中心。浙江则在保税燃料油供应、
油品储运、油品加工、油品贸易交易方面采取便利措施，为油品的
全产业链发展提供保障，通过建设国际海事服务基地、国际油品的
储运基地来推动对外贸易发展。自贸区涉及东部沿海、东北、华东、
华中、西北、西南等各大地区，已经形成了全国性的试验区特征，形
成东中西协调、陆海统筹的全方位、高水平对外开放新格局。

　　第三，开展粤港澳大湾区建设。2016年，广东省政府工作报告
提出，开展珠三角城市升级行动，联手港澳打造粤港澳大湾区的设

想。2017 年 3 月 5 日，李克强总理在政府工作报告中提出，要推动内地与港澳深化合作，研究制定粤港澳大湾区城市群发展规划，发挥港澳独特优势，提升在国家经济发展和对外开放中的地位与功能。2017 年 7 月 1 日，习近平总书记视察香港时见证签署了《深化粤港澳合作推进大湾区建设框架协议》。2018 年 3 月 7 日，习近平总书记在参加广东代表团审议时指出，要抓住建设粤港澳大湾区重大机遇，携手港澳加快推进相关工作，打造国际一流湾区和世界级城市群。

第二节　区域梯次开放对区域经济发展的影响

改革开放后中国的非均衡区域开放和发展战略体现了中国对社会主义市场经济和对外开放认识的深化和探索过程。多层次区域梯度开放模式的创新在计划经济体制逐步向市场经济体制转型的条件下不仅是必要的，而且被证明是有效的。大大降低了开放的风险，有效地调动了各级地方政府改革开放的能动性和积极性，促进了东部地区率先发展，加快了中国对外开放和经济发展的步伐。

但是，对外开放作为影响区域经济发展的重要因素，区域渐次开放塑造了中国区域经济开放程度的差异，导致区域发展严重失衡。近年来，随着中国社会主义市场经济体制的完善，对外开放的范围和领域不断扩大，全面开放格局已经初步形成，区域开放政策的差异已经很少，但总体来看，区域开放水平的格局没有根本性变化，区域发展不平衡的问题仍然突出。

首先，西部地区开放程度和发展水平相对落后。尽管实施西部大开发战略，西部地区对外开放水平仍然不高。2016 年西部地区进

出口额只占全国总量的 6%，吸引外资和对外投资额占比不足 10%。西部地区进出口总额占 GDP 的比重为 10.3%，低于全国平均水平 22.6 个百分点，低于东部地区 40.3 个百分点。中国 85% 以上的对外贸易额主要集中在东南沿海一带，50% 以上的进出口物资、80% 以上的进口原料都是通过海路进行的。

从经济总量看，西部地区 GDP 仅为全国的 13%。2016 年中国经济规模后 10 位省份分别为吉林、云南、山西、贵州、新疆、甘肃、海南、宁夏、青海、西藏。除吉林、海南外，其余均为中西部省份。GDP 总量第一的广东省达 7.95 万亿元，超过世界第 16 大经济体印度尼西亚，最低的西藏仅为 1150 亿元。西部地区面积是东部地区的 7.5 倍，而 2016 年东部地区人均 GDP、进出口总额、实际使用外资分别是西部的 1.8 倍、112 倍、4 倍。

2016 年中国人均 GDP 达到 53817 元，天津、北京、上海、江苏、浙江、福建、内蒙古、广东、山东等 9 省份人均 GDP 达 1 万多美元，达到或超过世界平均水平。在人均 GDP 后 10 位省份中，除黑龙江外均为中西部省份。最低的甘肃人均 GDP 只有 27508 元，成为中国唯一的人均 GDP 低于 3 万元的省份；云南、贵州紧随其后，分列倒数第二、三位。居民人均收入后 10 位省份，全部为中西部省份。

当然，应该看到，近年来中西部地区经济发展态势整体好于东部，在区域经济发展中整体上处于领跑位置。作为反映经济发展水平重要指标的 GDP 增速，中西部地区连续多年高于东部地区。2016 年 GDP 增速前 10 名分别是：西藏、重庆、贵州、江西、天津、安徽、云南、福建、湖北、河南、宁夏（后 3 省并列第 9），除天津、福建外，均为中西部省份。西藏、重庆、贵州包揽了 GDP 增速前三名，成为全国仅有的三个 GDP 增速超过 10% 的省份。实施西部大开发 18 年来，西部地区综合经济实力有所提升，国内生产总值年均增长 12.4%，主要经济指标增幅自 2007 年以来连续高于全国平均水平。

其次，东北地区的开放程度和发展水平也亟待提高。尽管实施了东北振兴战略，东北地区开放程度和发展水平仍然较低。2016 年，东北三省的对外贸易依存度为 16.4%，是全国平均水平的一半，比东部地区低 34.3 个百分点；东北三省 GDP 占全国比重约 7%，但其进出口总额仅占全国的 3.5%。2003—2015 年，东北地区进出口总额年均增长 12.4%，分别低于东部、中部、西部地区 2.3 个、10.1 个、10.2 个百分点。此外，东北地区市场开放程度低，民营经济发展滞后。辽宁省国有经济占比超过 30%，吉林省超过 40%，黑龙江省超过 50%，都远远高出全国平均水平。2016 年，在全国民间固定资产投资增长 3.2% 的背景下，东北地区下降 24.4%，占全国民间固定资产投资的比例由 2003 年的 8.1% 下降到 5.9%。

此外，沿边地区发展仍严重滞后。中国沿边地区开发开放存在着周边环境复杂多变、周边国家经济发展水平和开放程度较低、部分周边国家对与中国的合作持保守态度等外部制约因素。沿边地区开放程度整体不高，经济发展水平较低，基础设施薄弱，发展任务十分艰巨。部分地区在教育、医疗、住房、交通，甚至生活用水用电等民生问题上都存在较大困难。随着改革开放的不断升入，边境经济合作区的发展出现一些问题，主要表现在：口岸基础设施不完善、口岸运输和通关能力差，人员、车辆和货物跨境流动便利化程度低等。有的边境经济合作区发展速度减缓，有的甚至出现发展停滞。

梯次开放是导致区域经济不平衡的重要原因。但是，也应该认

识到，经济地理和资源禀赋等因素也至关重要。实际上，新中国成立初期，中国沿海14%的国土面积集聚了全国将近80%的国民经济总量和现代工业的产值总量，沿海地区的率先发展基本格局，在新中国成立初期或者新中国成立以前就已经形成了。只不过沿海的率先开放进一步扩大了沿海与内地发展水平的差距。而西部大开发政策、东北振兴政策以及沿边开放政策对促进这些区域扩大开放和经济发展的作用就相对有限。

客观上，区域开放政策对地区经济促进作用的确会逐步消减。改革开放之初，沿海开放与内陆地区的政策洼地效应显著，区域开放的程度取决于政策的许可范围，在这样的背景下，各省市的区域开放也以改善区位优势、争取区域政策优惠最大化为重心。但是，随着整体开放水平的提高，区域开放的政策空间也越来越小。

第三节　中国区域开放的未来发展方向

首先，非均衡的梯次开放让位于全面的对外开放。区域开放的体制环境发生根本性变化，在全球化规则时代，不同区域应获得同等的参与国际竞争的权利。以政策试点为特征的开放将转化为法律框架下的对外开放，政策的透明度和可预见性将大大提高。

其次，区域竞争模式转变。区域之间的竞争不是政策上的竞争，而在于企业参与国际分工、获取竞争利益的能力之争。区域竞争也从争取政策倾斜向提高区域竞争力转变，从充分发挥比较优势转向大力培育竞争优势转变，从以吸收外资为重心转向出口、"引进来"和"走出去"并重的全面策略，全面提升区域竞争力，推动企业跨国经营。

第三，区域政府的角色转变。区域政府逐渐地从微观经济事务中退出，更多地专注于解决市场失灵和提供公共服务，区域政府职能更多转向社会公共政策。政府在改善环境提高区域产业竞争力方面将发挥重要作用，切实为本地区经济发展服务。

第四，"一带一路"和自由贸易试验区战略将构筑区域开放的新格局。"一带一路"将助力中西部地区、东北地区和沿边地区加快对外开放，提升其开放型经济水平。自由贸易试验区将成为区域开放的高地，但更多的不是靠政策驱动，而是依靠地方层面政府服务的改善和体制机制创新。

第九章 中国自由贸易区的发展历程、经验和未来发展方向

改革开放 40 年以来，中国顺应经济全球化潮流，对外开放步伐显著加快，货物贸易开放水平不断提高，服务业对外开放逐步扩大，投资准入持续优化，规则谈判有序推进，贸易便利化水平稳步提升，目前已成为全球第一大货物贸易国、第一大工业国、第一大外汇储备国和第二大对外投资国。特别是党的十八大以来，以习近平同志为核心的党中央立足国家发展全局，高瞻远瞩、统筹谋划，加快实施自由贸易区战略，推动构建立足周边、辐射"一带一路"、面向全球的高标准自由贸易区网络，为形成具有中国特色的全面开放新格局奠定了坚实基础。新时代，全面梳理改革开放 40 年以来，特别是党的十八大以来，中国自由贸易区建设的发展历程和基本经验，对于全面增强中国国际贸易投资规则话语权、进一步提高中国开放经济水平和质量以及推动形成国际合作竞争新优势都具有重要的现实意义。

第一节　中国自由贸易区建设的发展历程

一、1978 年到 2000 年：中国特色自由贸易区建设扬帆起航阶段

改革开放以来，中国积极参与国际分工，着力推进经贸投资合作，先后提出"市场多元化""以质取胜""大经贸"以及"科技兴贸"等四大发展战略，并逐渐成长为举世瞩目的"世界工厂"。进入 20 世纪 90 年代，随着 WTO 谈判进程受阻，全球区域经济一体化呈现空前发展、异常活跃态势，并涌现了以北美自由贸易区（North American Free Trade Area，NAFTA）等为代表的区域合作协定。面对全球政治经济形势的重大转变，中国一方面为成为 WTO 正式成员国作不懈努力，另一方面也在积极主动谋划组建双边自由贸易区。1999 年，时任国务院总理朱镕基在菲律宾马尼拉召开的第三次中国—东盟领导人会议上提议，愿加强与东盟自由贸易区的经贸联系，此举得到了东盟各国的积极回应，次年 11 月，中国又正式提出组建中国—东盟自由贸易区战略构想和可行性研究方案，标志着轰轰烈烈的自由贸易区建设序幕正式拉开。

二、2001 年到 2011 年：中国特色自由贸易区建设稳步推进

2001 年正式加入 WTO 后，中国立足对外开放的禀赋优势和增长潜能，开始深度融入经济全球化进程，按照"全面规划、突出重

点、先易后难、循序渐进"的总体部署，中国特色自由贸易区建设
有序推进，并在 2007 年召开的党的十七大正式将自由贸易区建设上
升至国家战略。具体说来，2002 年 11 月 4 日，中国与东盟签订《中
国—东盟全面经济合作框架协议》，2004 年和 2007 年又分别签订《货
物贸易协议》和《服务贸易协议》，并于 2010 年 1 月全面启动中国—
东盟自由贸易区建设，成为当今世界人口最多的自由贸易区和发展
中国家间最大的自由贸易区；2003 年 6 月 9 日，内地与港澳分别签
订了《关于建立更紧密经贸关系的安排》（即 CEPA），之后的 2004
年、2005 年、2006 年又分别签订了《补充协议》《补充协议二》《补
充协议三》，是中国国家主体与港澳单独关税区间签订的自由贸易协
议，也是内地第一个得到全面实施的自由贸易协定；2005 年 11 月
18 日，中国与全球最大的铜生产国智利签订《中国—智利自由贸易
协定》，成为亚洲第一个与拉丁美洲国家间达成自贸协定的国家；在
经过了六轮磋商之后，2006 年 11 月 24 日，中国与巴基斯坦正式签
订《中国—巴基斯坦自由贸易协定》，为中巴战略合作和传统友谊
注入了新内涵；2003 年 10 月，中新两国就商签经贸合作框架达成
共识，2008 年 4 月 7 日，在两国总理见证下，正式签订《中国—新
西兰自由贸易协定》，是中国与发达国家签署的第一个自由贸易协
定，具有里程碑意义。在中国—东盟自贸区的基础上，中国和新加
坡拓展了贸易投资合作关系的深度和广度，经过 8 轮旷日持久的谈
判，于 2008 年 10 月 23 日正式签订《中国—新加坡自由贸易协定》，
涵盖货物贸易、服务贸易、人员流动等众多领域；2007 年 9 月的
APEC 领导人非正式会议期间，中国和秘鲁开始启动自贸协定谈判，
经过 8 轮谈判和 1 次工作组会议，于 2009 年 4 月 28 日正式签订《中
国—秘鲁自由贸易协定》；2010 年 6 月 29 日，两岸两会领导人签订

《海峡两岸经济合作框架协议》（即 ECPA），此举极大增进了海峡两岸间的经济合作交流；经友好协商和书面确认，《中国—哥斯达黎加自由贸易协定》在 2011 年 8 月 1 日正式生效，协定内容覆盖货物贸易、服务贸易、双边投资等众多领域，且开放水平较高，约有 90%以上的产品将分阶段实现"零关税"。

表 9-1　2001 年到 2011 年中国签订的自由贸易区情况

签订时间	文件名称
2002 年 11 月 4 日	《中国—东盟全面经济合作框架协议》
2003 年 6 月 9 日	《关于建立更紧密经贸关系的安排》（即 CEPA）
2005 年 11 月 18 日	《中国—智利自由贸易协定》
2006 年 11 月 24 日	《中国—巴基斯坦自由贸易协定》
2008 年 4 月 7 日	《中国—新西兰自由贸易协定》
2008 年 10 月 23 日	《中国—新加坡自由贸易协定》
2009 年 4 月 28 日	《中国—秘鲁自由贸易协定》
2010 年 6 月 29 日	《海峡两岸经济合作框架协议》（即 ECFA）
2010 年 4 月 8 日	《中国—哥斯达黎加自由贸易协定》

资料来源：根据公开资料整理。

三、2012 年至今：中国特色自由贸易区建设全面提速阶段

党的十八大以来，中国加快实施自由贸易区建设。十八届三中全会公报明确提出要以周边为基础实施自由贸易区战略，改革市场准入、海关监管、检验检疫等管理体制，加快环境保护、投资保护、政府采购、电子商务等新议题谈判，形成面向全球的高标准自由贸易区网络。2014 年 12 月，习近平总书记在中共中央政治局第十九

次集体学习时强调，要加强顶层设计、谋划大棋局，既要谋子更要谋势，逐步构筑起立足周边、辐射"一带一路"、面向全球的自由贸易区网络，积极同"一带一路"沿线国家和地区商建自由贸易区，使中国与沿线国家合作更加紧密、往来更加便利、利益更加融合。2015 年 9 月 17 日，中共中央、国务院公布《关于构建开放型经济新体制的若干意见》，提出要坚持分类施策、精耕细作，逐步构筑起立足周边、辐射"一带一路"、面向全球的高标准自由贸易区网络。2015 年 12 月 17 日，国务院公布《关于加快实施自由贸易区战略的若干意见》，提出了新时期中国加快自由贸易区战略的指导思想、基本原则、目标任务、建设布局以及支持机制等内容，标志着中国特色的自由贸易区理论体系正式构建完成。截至 2018 年 4 月底，中国已签订 16 个自由贸易协定，正在谈判的自贸区有 11 个，正在研究的自贸区有 11 个，为中国开展国际贸易和投资合作发挥了重要的推动作用。

（一）自由贸易协定的覆盖范围不断扩大

截至目前，在已签署的 16 个自贸区中，涉及 24 个国家和地区，自贸伙伴遍布亚洲、大洋洲、拉美和欧洲等地区。中国积极推进自由贸易区建设，既注重扩大数量，也注重提升质量，既做旁观者、跟随者，也做参与者和引领者，不仅积极通过顶层设计和谋划棋局的方式积极推动新签自贸协定尽快进入务实推进阶段，而且还特别强调与相关自贸协定伙伴开展深度磋商和谈判，直面相应自贸协定"落地""生根""发芽"过程中可能遇到的现实问题和实施瓶颈，目标是推动相关协定完善并优化。

目前中国在谈的自贸协定有 11 个，其中，涉及三个升级谈判，分别是中国—巴基斯坦自贸协定第二阶段谈判、中国—新加坡自贸协定升级谈判和中国—新西兰自贸协定升级谈判。其中，中国—巴基斯坦自贸区第二阶段谈判第十次会议于今年 4 月 2 日在伊斯兰堡举行，重点就货物贸易关税减让、海关数据交换等内容进行了深入磋商，取得了积极成效；中国—新加坡自贸协定升级谈判于 2018 年 4 月 16—18 日在北京举行，重点就服务贸易、投资、原产地规则、贸易救济和经济合作等议题展开了卓有成效的磋商；中国—新西兰自由贸易协定第三轮升级谈判于 2017 年 11 月 27—30 日在新西兰举行，双方围绕技术性贸易壁垒、海关程序与贸易便利化、原产地规则、服务贸易、投资、自然人移动、竞争政策、电子商务、农业合作、环境、政府采购等议题展开了多轮磋商。今后，中国将会努力推动上述在谈自贸协定取得新的突破，并着力与"一带一路"沿线国家开展谈判，以尽快构筑起立足周边、辐射"一带一路"、面向全球的高标准自由贸易区网络。

目前中国正在开展联合研究的自贸协定有 11 个，分别是中国—哥伦比亚、中国—斐济、中国—尼泊尔、中国—巴新、中国—加拿大、中国—孟加拉国、中国—蒙古国、中国—巴拿马、中国—巴勒斯坦、中国—秘鲁自贸协定升级联合研究和中国—瑞士自贸协定升级联合研究。

表 9-2　中国自贸区网络建设概况

已签协议的自贸区（16）		正在谈判的自贸区（11）	正在研究的自贸区（11）
协定名称	生效时间	区域全面经济合作伙伴关系协定（RCEP）	中国—哥伦比亚
中国—马尔代夫	2017.12	中国—海合会	中国—斐济
中国—智利升级	2017.11	中日韩	中国—尼泊尔

续表

已签协议的自贸区（16）		正在谈判的自贸区（11）	正在研究的自贸区（11）
协定名称	生效时间	区域全面经济合作伙伴关系协定（RCEP）	中国—哥伦比亚
中国—格鲁吉亚	2017.5	中国—斯里兰卡	中国—巴新
中国—韩国	2015.12	中国—以色列	中国—加拿大
中国—澳大利亚	2015.12	中国—挪威	中国—孟加拉国
中国—东盟 FTA 升级	2015.11（签署时间）	中国—巴基斯坦自贸协定第二阶段谈判	中国—蒙古国
中国—瑞士	2014.7	中国—新加坡自贸协定升级谈判	中国—巴拿马
中国—冰岛	2014.7	中国—新西兰自贸协定升级谈判	中国—巴勒斯坦
中国—哥斯达黎加	2011.8	中国—毛里求斯	中国—秘鲁自贸协定升级联合研究
中国—智利	2010.8	中国—摩尔多瓦	中国—瑞士自贸协定升级联合研究
中国—秘鲁	2010.3		
中国—东盟	2010.2		
中国—巴基斯坦	2009.10		
中国—新加坡	2009.1	—	—
中国—新西兰	2008.10		
内地与港澳更紧密经贸关系安排	2003.6 和 2003.10		

资料来源：中国自由贸易区服务网。

从周边看，2018 年 RCEP 谈判各方关于货物、服务、投资准入和其他规则的分歧进一步缩小。中日韩自贸区谈判就协定领域范围达成一致，货物、服务、投资等谈判均取得进展。中国—巴基斯坦自贸区第二阶段谈判有序推进。从"一带一路"看，2017年中国—马尔代夫自贸区协定顺利签署，2016年与海合会宣布重启中断7年之久的自贸区谈判并进入快车道，同年正式启动与以色列的自贸区谈判。此外，恢复了与斯里兰卡的自贸区谈判，并启动与尼泊尔、孟加拉国、蒙古国、巴勒斯坦的自贸区联合可行性研究。从全球看，2016年启动中国—加拿大自贸区探索性研究，2017年中国—智利自贸协定升级版完成，同时启动与新西兰双边自贸区升级谈判和秘鲁自贸协定升级联合研究，并启动与巴布亚新几内亚自贸区的联合可行性研究。

（二）自由贸易协定的议题设置更加丰富

随着中国自由贸易区战略的不断推进，中国与自贸伙伴签署自贸协定的内容不断丰富，相应议题设置更加全面科学，已逐步由传统的货物贸易、服务贸易以及投资自由化等议题，逐步拓展到了技术性贸易壁垒、金融服务、电信以及电子商务等领域，甚至还涵盖了知识产权和环境贸易等相对敏感领域。中国和巴基斯坦的自贸协定签署较早，双方在协定的议题中分别设置了共同降至零关税产品清单、中方降至零关税产品清单、巴方降至零关税产品清单、优惠关税产品减让表、原产地证书以及银行业服务议定书等内容。在内地与香港、澳门关于建立更紧密经贸关系的安排中，重点关注货物贸易（具体包括关税、关税配额、非关税措施、反倾销措施等）、原产地、服务贸易（包括市场准入、金融合作、旅游合作）、贸易投资便利化以及其他条款等内容。在中国和新西兰的自贸协定框架中，涉及货物贸易、原产地规则、贸易救济、技术性贸易壁垒、服务贸

易等内容。从目前来看，中国和韩国于 2015 年签署的自由贸易协定涉及到的议题最为多元和前沿，重点就电信、电子商务、知识产权、透敏度等之前中国很少涉及的自贸协定议题达成共识，其中，首次设立环境与贸易单章，并且明确规定了相应主体的权利和义务。具体说来，中韩自贸区环境与贸易章节共包括 9 小节内容，重点对环境与贸易的背景目标、范围、保护水平、多边协定、环境措施、环境影响、双边合作以及机构和资金安排等相关领域的内容作了阐述和规定，主要特征如表 9-3。

表 9-3　中国—韩国自由贸易协定基本框架内容

章节	内容	章节	内容
第一章	初始条款定义	第二章	国民待遇与市场准入
第三章	原产地规则和实施程序	第四章	海关程序与贸易便利化
第五章	卫生与植物卫生措施	第六章	技术性贸易壁垒
第七章	贸易救济	第八章	服务贸易
第九章	金融服务	第十章	电信
第十一章	自然人移动	第十二章	投资
第十三章	电子商务	第十四章	竞争政策
第十五章	知识产权	第十六章	环境与贸易
第十七章	经济合作	第十八章	透明度
第十九章	机构条款	第二十章	争端解决
第二十一章	例外	第二十二章	最终条款
附件	内容	附件	内容
附件 2-A	削减或取消关税	附件 2-A	韩方关税减让表
附件 2-B	中方关税减让表	附件 3-A	总体解释性说明
附件 3-A	产品特定原产地规则	附件 3-B	货物清单
附件 3-C	原产地证书	附件 8-A-1	韩方具体承诺减让表
附件 8-A-2	中方具体承诺减让表	附件 8-B	合作拍摄电影

章节	内容	章节	内容
附件 8–C	电视剧纪录片动画片共同制作		

资料来源：《中国—韩国自由贸易协定》。

一是以"大环境"概念为基础，明确了缔约方的强制性义务。中韩自贸区协定环境议题明确提出，缔约双方回顾了《1972 年斯德哥尔摩人类环境宣言》《1992 年里约环境与发展宣言》《1992 年 21 世纪议程》《2002 年约翰内斯堡可持续发展实施计划》和《2012 年"里约 +20"峰会成果文件"我们希望的未来"》，认识到经济发展、社会发展和环境保护是可持续发展相互依存、相互支持的组成部分。缔约双方强调在环境议题的合作获益是实现可持续发展的全球努力的组成部分。缔约双方重申其承诺，以有助于实现可持续发展目标，并确保将该目标纳入和反映在双边贸易关系中的方式促进经济发展。

二是强制性和自愿性"并轨"，纳入了缔约方非约束性要求。中韩自贸区协定环境议题明确提出，缔约方不得通过持续或不间断的作为或有意的不作为，未能有效执行其包括法律法规在内的环境措施，以影响到缔约双方之间的贸易或投资的方式。同时，议题指出，缔约双方认识到，通过削弱或减少其各自环境法律、法规、政策和实践所赋予的保护来鼓励贸易或投资是不恰当的。因此，任何一方不应以削弱或减少这些环境法律、法规、政策和实践所赋予的保护的方式而放弃或贬损这些环境法律、法规、政策和实践。此外，议题还指出，本章任何内容都不应被理解为授权缔约方有关当局在另一缔约方领土内开展环境执法活动。

三是重视信息公开和公众参与，提出了直接介入国内环境保护

的制度建设。中韩自贸协定环境议题明确提出，为实施本议题之目的，缔约方应在其行政部门内指定一个办公室作为与另一缔约方的联络点。缔约方可通过联络点要求另一缔约方就本章产生的任何事项进行磋商。缔约双方特此成立环境与贸易委员会（以下简称为"委员会"）。委员会应由缔约双方行政部门的若干高级官员组成。委员会应在认为必要时开会，以监督本章的执行。缔约双方认识到充足和可持续的财政资源对本章的实施是必要的，且这些资源应是可获得的。

四是注重实施效果，确定了环境与贸易领域合作的指示性清单。中韩自贸区协定环境议题认为，缔约双方认识到环境领域合作对于实现可持续发展目标的重要性，承诺以现有双边协定或安排为基础，在有共同利益的领域深化合作。为推动实现相关议题落实，制定了指示性清单，共 7 条，分别是推广包括环境友好产品在内的环境产品和环境服务；环境技术开发与环境产业促进的合作；交流关于环境保护政策、活动和措施的信息；建立包括环境专家交流的环境智库合作机制；能力建设，包括环境领域的专题会、研讨会、博览会和展览会；在两国各自建立环境产业示范区基地及双方认为适当的其他形式的环境合作。此外，按照自贸协定要求，缔约双方重申，将依据诸如 2014 年 7 月 3 日签署的《中华人民共和国环境保护部与韩国环境部之间的谅解备忘录》等现有双边协定，加强在包括空气污染物防治在内的环境领域的合作。

（三）自由贸易协定的规则标准更趋国际化

应该说，经历了 10 多年的快速发展，目前中国已经在货物贸易关税减让、国民待遇与市场准入、海关程序与贸易便利化、原产地原则以及技术性贸易壁垒等领域形成了一定范围可供复制、供推广的且较为成熟的自贸理念、自贸原则和自贸模式。在国民待遇和市场准入方面，现已成熟使用关税措施、非关税措施、国税配额管理以及相应机制条款，其中特别机制中，规定了临时免税入境的情况（在中韩自贸协定中，共规定了四种不同的情况，一是专业设备，如根据进口缔约方有关法律规定有资格暂时进境的人员用于科学研究、教学或医疗活动、新闻出版或电视以及电影所需的设备；二是在展览会、交易会、会议或类似活动上陈列或展示的货物；三是商业样品；四是被认可用于体育活动的货物）。在关税减让方面，过去中国所签署的大多数 FTA 中，多将均商品分为 A、B、C、D 四类，同时提出了关税承诺表，包括年份税目、货品名称、基准税率、降税分类；在原产地规则方面，过去中国自贸协定中，对"完全获得产品"和"实质性改变产品"的基本认定已形成一套较为固定和普适性的规则体系，为后续签署自贸协定奠定了坚实的制度基础；此外，还需要说明的是，在技术壁垒、卫生与植物卫生措施机构条款、争端解决以及例外等议题也已形成一定程度上的成熟模式，并逐渐得到贸易伙伴的认可和接受。

第二节　中国自由贸易区建设的基本经验

自由贸易区战略是当前中国推进形成对外开放新格局的重要内容，也是当前中国统筹国际国内两个大局、促进政府全面深化改革、拓展开放型经济新空间以及深度参与全球经济治理的重要抓手。梳理过去几十年的成功发展经验，可以概括如下。

一、以我为主，统筹国际国内大局

在推进自由贸易区建设过程中，中国积极适应经济全球化新形势，把握区域贸易与投资合作新动向，以国家重大战略和国际产业分工深度调整为契机，结合贸易伙伴经济发展水平、资源禀赋条件、产业结构特征及价值链分工特点，制定分阶段、分行业的谈判任务和实施目标，先重后轻、先易后难、分层分类，逐步推进。举例说，从自贸协定的签署难度来看，东盟短期内能够获得突破的可能性最大，故中央高瞻远瞩、统筹施策，结合已有贸易投资合作基础，率先圈定与东盟国家的优先合作领域、优先合作产品、优先合作技术、优先合作服务以及优先合作方式，顺利在 2002 年签署《中国—东盟全面经济合作框架协议》。

此外，中国密切跟踪全球新兴产业发展的新动态新特点，坚持采用高标准、宽范围和跨领域的合作模式，整合聚集国内国际两种优势资源，通过国际自由贸易区建设助力国内产业转型升级、推动国内产业迈向全球中高端水平。同时，以国内产业转型升级为重要基础支撑，以产业链支撑创新链，以创新链牵引产业链，深入开展更大范围、更宽领域、更深层次的经贸投资合作来引领未来的双多边自由贸易区建设。

二、先易后难，步步为营

由于贸易伙伴的发展基础、开放程度、比较优势和经贸环境存在较大差异，中国按照《国务院关于加快实施自由贸易区战略的若干意见》和《中共中央国务院关于构建开放型经济新体制的若干意见》等文件的顶层设计，结合过去中国自由贸易区建设情况，同时借鉴美国、欧盟和日本等发达经济体的发展经验，按照"周边经贸关系密切发展中国家（或地区）—经贸关系密切发展中国家（或地区）—周边经贸关系密切发达国家（或地区）—经贸关系密切发达国家（或地区）"的路径加以有效推进，取得了举世瞩目的成就，为新时期中国高质量发展奠定了坚实基础。

三、差别对待，精耕细作

根据贸易伙伴不同的发展诉求，实行差异化自由贸易区建设战略，因国施策、因项施策、因业施策。对于巴基斯坦、新西兰、新加坡等政治经济合作基础较好的国家，顺势推进升级版经贸协定谈判；对于战略契合度高、合作愿望强烈、产业合作基础好的尼泊尔、蒙古国等，着力聚焦共同利益，积极动员各方力量，发挥多种合作平台作用，及时成立机制化工作组，推动签署《联合可行性研究的谅解备忘录》，为下一步正式签订自由贸易协定扫清了障碍；由于对关税收入分配和WTO规则一致性等方面的理解差异，导致中国与海合会国家的经贸合作分歧较大，为应对上述问题，采用的是各个击破和逐轮推进的策略，目前已与海合会在服务贸易、投资和电子商务等章节结束了实质性谈判，并在技术性贸易壁垒（TBT）、法律条款、电子商务等条款方面基本形成了一致意见，正式签署指日可待。

四、开放合作，互利共赢

在自由贸易区建设过程中，中国秉承共商、共建、共享原则，尊重不同贸易伙伴的利益诉求和核心关切，实行开放式、透明化合作，寻求经贸和投资合作利益契合点和最大公约数。同时，积极拓展合作领域，不断深化合作内涵，用新思路、新体

改革开放 40年
中国经济发展系列丛书

制、新机制推动产品、技术、服务合作迈上新台阶，实现共同发展、互利共赢。此外，着眼分工协调机制，强化与贸易伙伴的产业融合与协作，重点延长价值链、产业链和创新链，助推各自产业结构迈向集约化、高端化和品牌化，推动达成双多边合作的"最大公约数"。

第三节　中国自由贸易区建设的发展方向

一、政策目标

（一）从覆盖范围来看，目标是要构筑立足周边、辐射"一带一路"、面向全球的高标准自由贸易区网络

秉承亲、诚、惠、容理念，坚持睦邻友好、守望相助方针，多走动、常见面，重感情、讲平等，积极与毗邻国家开展区域经济合作，着力消除贸易投资壁垒，力争与所有周边国家建立自由贸易区，构建合作共赢、相得益彰的周边大市场。同时，顺应时代潮流、适应发展规律，以周边自由贸易区建设为基础，结合国际产能合作和基础设施互联互通，加快与"一带一路"沿线国家商签自由贸易协定，将"一带一路"建成和平之路、繁荣之路、开放之路、创新之路和文明之路。此外，按照先易后难、逐步推进的原则，中长期内争取同全球范围内大部分发展中大国、新兴经济体、主要区域经济集团以及主要发达国家建成自由贸易区，并逐步构建金砖国家大市场、新兴经济体大市场、发展中国家大市场以及发达国家大市场等。

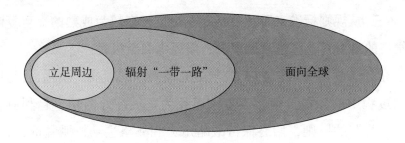

图 9-1　覆盖范围示意图

（二）从议题设置来看，目标是要完善现有谈判条款内容，尽快纳入劳工、反腐败、政府采购等 21 世纪"新理念、高标准"议题

正确认识当前全球范围内双多边自贸协定中电信、反腐败、劳工、政府采购等 21 世纪"新理念、高标准"议题的重要性，摒弃"被孤立"和"被围堵"的陈旧意识。在未来双多边 FTA 谈判中尽快设立高标准议题并不是中国推进 FTA 谈判不可逾越的"鸿沟"，也不是"自废武功"的作茧自缚，相反，通过高水平的环境议题实施既可以倒逼国内经济转型，也可以大幅吸引国际投资。国内相关部门在 FTA 谈判中应该尽快就上述高标准议题表明鲜明立场，争取引导双多边贸易投资规则中高标准规则的制定进程，树立中国负责任大国形象。就未来政策目标的具体实施来看，国内相关牵头部门要尽快组织经济和法律等领域专家制定 FTA 高标准议题示范文本，积极推进在《区域全面经济伙伴关系协定》（RCEP）和《亚太自贸协定》（FTAAP）设定相关章节（严格意义上说来，电信、反腐败、劳工、政府采购等议题符合经济一体化和全球贸易规则向非传统领域拓展的大趋势，具有一定的合理性和进步性）。同时，利用经贸机制性平台，在 FTA 谈判中保持交往对话，增信释疑，引导合作方由"规则竞争"甚至"规则互遏"向"规则共赢"思路转化。

（三）从规则标准来看，目标是要形成一套较为成熟的、可复制、可推广的自由贸易区建设新理念、新原则和新模式

充分借鉴发达国家 FTA 谈判中的规则标准形成、演化、提升和巩固过程中的积极价值，本着"以我为主、练好内功、趋利避害、主动作为"的原则，始终保持战略定力和战略主动，抓紧推进符合中国特色的各类规则标准建设，积极稳妥地推进 FTA 战略实施。一方面，需深入研究现有规则标准内容，尽快形成符合国情并与国际接轨的"FTA 规则"。应该说，中国在 FTA 中的规则设计和引导能力要明显要弱于西方发达国家，往往只是规则的既定接受者，缺少议价能力和谈判筹码。从具体内容来看，以 TPP 透明度规则和反腐败规则为例，该规则相关要求与中国经济体制和政治制度改革方向一致，且几乎没有触碰我政策红线的内容，需根据改革开放的总体需要以及应对保障体建设和外交全局基本要求，本着以我为主、为我所用的原则，以上述两个规则为蓝本，尽快引入至双多边的 FTA 谈判范畴，并组织相关部门、专家形成具有一定普适性的中国"FTA 新规则"。另一方面，布好自己的局，走好自己的路，加快完善国内 FTA 谈判中法律、法规和标准，为下阶段谈判争取主动地位。"打铁还需自身硬"，以 TPP 透明度和反腐败领域规则为例，相关法律、法规和标准与发达国家尚有较大差距，透明度不够、选择性反腐、反腐制度体系建设滞后以及反腐配套制度不完善等问题普遍存在。要将透明度和反腐败纳入至 FTA 谈判并提升我国规则制定权，首先要做好自己的事情，第一步对中国贸易投资领域的法律、法规和程序进行一轮彻底的审查，并及时通过互联网等媒体公布，以使中国提高主动性并从容应对谈判方的质疑和反对。第二步要强化透明度规则的后期监管，构建起完整的透明度法律法规体系。此外，从经济社会的长远角度出发，加强国内反腐败的制度建设，重点抓好反腐制度的执行以维护反腐制度的严肃性。同时，加强国际反腐合作力度，探索联合反腐新模式。最后，从国内的政府职能调整来看，还需及时调整中国原有的反腐败管理体制机制、政府组织架构和运行体系，以适应即将到来的新一轮全面开放的内生需要。

二、政策方向

（一）重点推进与周边及"一带一路"沿线国家自贸区建设

准确把握好美国退出 TPP 的有利时机，加快推动 RCEP 尽早达成共识，积极推进中日韩 FTA 谈判进程，有序推进亚太自贸区建设，进一步加强与"一带一路"沿线国家自贸区建设，为形成面向全球的高标准自由贸易区网络奠定坚实基础。具体说来，周边国家基本都是"一带一路"沿线国家，将周边大市场与"一带一路"大市场建设紧密结合，将自贸区建设作为"一带一路"倡议推进的重要内容，与有意愿的国家和地区共同商讨自由贸易区建设。全球层面，争取同大部分新兴经济体、发展中大国、主要区域经济集团和美欧发达国家建立自由贸易区，构建金砖国家大市场、新兴经济体大市场和发展中国家大市场等，近期以亚太自贸区建设、中欧自贸区研究和谈判为主要抓手，在尽快完成中美投资协定谈判基础上进一步探索中美自贸区建设的可能性。

（二）在中国主导的双多边 FTA 谈判中主动发声，逐步增加 21 世纪"新理念、高标准"新议题

相关部门尽快组织经济和法律等领域专家制定 FTA 非传统议题示范文本，重点推进在《区域全面经济伙伴关系协定》（RCEP）

和《亚太自贸协定》(FTAAP)中设定"新理念、高标准"新议题。同时，利用经贸机制性平台，在 FTA 谈判中保持交往对话，增信释疑，引导合作方由"规则竞争"甚至"规则互遏"向"规则共赢"思路转化。此外，牵头部门尽早着手拟定并实施新议题人才培养计划，提升中国对外谈判和议价能力。具体说来，在与发达经济体的自贸区谈判中，参照国际通行规则及其发展趋势，结合中国发展水平和治理能力，加快推进知识产权保护、环境保护、电子商务、竞争政策、政府采购等新议题谈判。在与发展中国家的自贸区谈判中，适当纳入产业合作、发展合作、全球价值链等经济技术合作议题，推动中国与自由贸易伙伴的务实合作。就提升自贸区规则标准而言，在传统议题领域，关键是逐步将准入前国民待遇加负面清单模式推广应用到服务贸易和投资领域谈判中，提高服务和投资开放度。在新议题领域，关键是在知识产权、环境保护、电子商务等领域明确价值理念并形成可操作可落地的规则体系。应深入研究 TTIP、欧日经济合作协定等发达经济体自由贸易协定的规则标准理念，尽快形成符合中国国情并与国际接轨的自由贸易价值体系。

（三）深入研究发达国家 FTA 规则标准理念，尽快形成符合中国国情并与国际接轨的 FTA 价值体系

目前，中国在 FTA 中的规则设计和引导能力要明显弱于西方发达国家，往往只是规则的既定接受者，缺少议价能力和谈判筹码，需根据自由贸易区战略实施的总体需要以及安全保障体建设和外交全局基本要求，本着以我为主、为我所用的原则，以服务贸易以及知识产权、环境等非传统领域规则为蓝本，尽快组织相关部门和专家进行研究和论证，尽早形成具有一定普适性的中国 FTA 价值体系。

（四）不断推进国内与 FTA 谈判相关领域的法制化进程，着力打造"中国规则"

受发展阶段制约，目前中国在与 FTA 相关领域的法律体系尚不健全，部分条款与新常态下中国"走出去"战略要求不相适应，甚至相互冲突。尽快组织各个领域专家学者，在深入分析研究 TPP 环境规则和相关国际公约的基础上，加快推进与 FTA 谈判相关领域的建设力度，重点明确部门监督管理权限、职责和义务。就目前而言，可将相关研究计划纳入国家社科基金项目，整合国内外优秀研究人才和优秀研究资源，尽快将相关议题的研究水平提升到国际先进水平，为下阶段深入推进自贸区奠定现实基础，同时也为打造"中国规则"形成长期稳定的内部环境。

（五）强化"21 世纪新议题"和自贸区谈判规则的人才培养，为顺利推进双多边 FTA 提供重要保障

积极开展公共外交，在 FTA 谈判中展现自信、客观和包容形象，当前重点强化"21 世纪新议题"和自贸区谈判规则人才培养，既要积极从发达国家引进相关人才，也要从战略关系、国家安全和经济考量等角度出发，在本土组建出一支服务 FTA 谈判的优良队伍，为下阶段提升自贸区合作层次和水平提供支撑和保障。

第十章 中国参与全球经济治理的历程、经验和未来发展方向

国际金融危机以来，随着世界经济格局发生深度调整，全球经济治理内容从传统的金融贸易领域向更多热点和新议题覆盖，包括传统治理结构优化、新规则制定、宏观经济政策协调和危机应对等等。从总体看，全球治理相关举措既涉及硬性制度约束，也有软性承诺；既有多边合作，也有区域协调，其目的是通过协商、合作推动世界经济强劲、可持续和平衡增长。1971年10月，第26届联合国大会通过决议，恢复中华人民共和国在联合国的合法席位，为中国恢复在联合国序列下各专门机构的席位创造了条件。1978年，党的十一届三中全会关于改革开放的决议开启了中国参与全球治理的进程。随着经济快速崛起和国际竞争力提升，中国参与全球经济治理逐渐从旁观者和跟随者，向成长为参与者和引领者快速趋近，在全球经济治理中的制度性话语权不断提高，对推动全球经济治理更加公平、包容、高效作出举世瞩目的贡献。

第一节 中国参与全球经济治理的历程

第二次世界大战以后，国际货币基金组织（IMF）、世界银行和

世界贸易组织（WTO）是国际金融贸易治理的主要平台。20 世纪 70 年代，七国集团（G7）成立并逐渐成为全球治理的引领者，并衍生出 "G8+" 的模式。2008 年金融危机将 G20 峰会推到全球治理主席台上，显示出国际经济格局的深刻变化。无论 G7 峰会（1998 年俄罗斯加入，成为 G8）还是 G20 峰会，都与国际货币基金组织、世界银行、世界贸易组织等保持密切合作，一方面利用这些组织实现相关目标，另一方面推动这些组织不断变革以适应全球治理新形势的需要。除此之外，还有大量官方和非官方全球性组织如联合国贸易发展组织（UNCTAD）、经济合作与发展组织（OECD）等，以及区域性组织如亚太经合组织、东盟与中日韩财金合作等，都是全球治理的重要组成部分。改革开放 40 年来，中国积极参与相关国际组织，受益于并贡献于全球经济治理的理论与实践。

一、中国与国际货币基金组织（IMF）

1980 年 4 月，国际货币基金组织恢复中国合法席位。当时中国在该组织中的份额为 80.901 亿特别提款权，占总份额约 4%。中国致力于与 IMF 密切合作，积累参与国际经济合作的理论和实践。在体制机制改革、宏观经济管理等方面，IMF 给予中国大量技术援助服务，定期提供政策咨询意见。在符合国情、符合改革开放大方向前提下，中国虚心接受并采纳诸多 IMF 建议。比如，1986 年对人民币进行贬值，1996 年接受国际货币基金组织第八条款实现经常项目可兑换等。

不过，中国对 IMF 的建议并不盲从。20 世纪 80 年代以来，IMF 一直致力于推动发展中国家资本账户开放。对此，中国一直顶住压力没有轻易放松资本管制。2011 年 4 月 5 日，IMF 公布了题为《资

本流入管理的近期经验——可能的管制政策框架》的报告，首次正式认可国际资本流入管制，改变了三十多年来一贯坚持的资金自由流动立场。此外，在人民币是否高估问题上中国与 IMF 一度分歧严重，中国政府曾决定在 2007 年到 2009 年间，中断发表根据 IMF 协定第四条所要提供的磋商结果。

2008 年国际金融危机加快了 IMF 改革进程，中国等新兴经济体话语权提高。2016 年 1 月，IMF 于 2010 年通过的份额和治理改革方案正式生效。中国份额占比从 3.996% 升至 6.394%，排名从第六位跃居第三，仅次于美国和日本。2016 年 10 月，人民币被纳入 IMF 特别提款权（SDR）货币篮子，与美元、欧元、日元、英镑共同组成新的 SDR 货币篮子。其中，人民币占比 10.92%，低于美元和欧元，但高于日元和英镑。

二、中国与世界银行（WB）

1980 年 5 月，中国在世界银行集团恢复合法地位。世行由国际复兴开发银行（IBRD）、国际开发协会（IDA）、国际金融公司（IFC）、多边投资担保机构和国际投资争端解决中心五个成员机构组成。中国与世界银行集团合作主要包括四部分内容：一是资金合作，即从国际复兴开发银行（IBRD）、国际开发协会（IDA）和国际金融公司（IFC）获得贷款；二是知识合作，即世行对华知识援助主要包括技术援助、经济分析、政策咨询等方式；三是国际发展合作，为全球脱贫作贡献；四是与多边投资担保机构（MIGA）合作。

改革开放之初，中国利用来自世界银行的优惠贷款不仅弥补了经济建设极为短缺的外汇资金，而且依托世行贷款项目引入了先进的管理理念。20 世纪 90 年代以后，世行贷款向环保和社会领域倾斜，为提高经济增长质量做出先导性探索。2000 年以来，由于从世行软贷款（IDA）毕业，中国利用世行贷款规模大幅下降，中国与世界银行的合作更多地转向国际发展合作。

根据财政部统计资料，截至 2010 年 6 月 30 日，世行（IBRD 和 IDA）对华贷款承诺总额约 478 亿美元，共支持建设了 326 个项目，主要集中在交通（30.38%）、农业（23.61%）、城建和环境（15.57%）、能源（15.35%）、工业（6.35%）、教育（3.88%）、卫生（2.05%）等领域；国际金融公司贷款和投资额约 47.3 亿美元，共支持了中国 193 个私营部门项目，涉及农业、金融、能源、环境、基础设施等领域。同期世行累计向中国提供了约 5 亿美元的技术援助贷款和赠款，主要涉及财税、会计、养老金、经济法、金融等领域的改革。此外，多边投资担保机构（MIGA）共支持了中国 38 个担保项目，主要涉及制造业和基础设施两个领域，累计担保金额 5.3486 亿美元。

世行统计显示，截至 2016 年年底，中国获得世界银行（IBRD 和 IDA）贷款承诺额累计为 586.36 亿美元，是世行第一大贷款国。2017 年世行（IBRD）对中国承诺贷款额 24 亿美元，约占其贷款的 11%，居全球首位。

2010 年世界银行投票权改革，中国在世行的投票权由原先的 2.77% 升至 4.42%，从世行的第六大股东国升至第三大股东国，仅次于美国和日本。2018 年 4 月，世界银行增资 130 亿美元，中国投票权升至 5.7%，仍排在美国和日本之后。

三、中国与世界贸易组织（WTO）

世界贸易组织（WTO）成立于 1995 年 1 月 1 日，是全球性的独立于联合国的永久性国际组织，目前有 164 个成员国，还有 20 多

个国家正在申请中。WTO 前身是 1947 年成立的关税与贸易总协定。1984 年 4 月，中国取得总协定观察员地位。1986 年 7 月，中国向总协定正式提出恢复缔约国地位的申请，称之为"复关"。经过漫长的谈判，1994 年 4 月，中国签署了乌拉圭回合最后文件和世界贸易组织协定。11 月，中国提出在年底完成复关的实质性谈判，并成为定于 1995 年 1 月 1 日成立的世贸组织创始成员的要求，因美国等少数缔约方阻挠未能如愿。

1995 年 7 月 11 日，中国成为该组织的观察员，中国"复关"谈判转为"入世"谈判。2001 年 9 月 13 日，中国完成了与世贸成员的所有双边市场准入谈判。9 月 17 日，世贸组织中国工作组第 18 次会议通过了中国入世议定书及附件和中国工作组报告书。12 月 11 日，在经历 15 年漫长谈判历程之后，中国正式成为 WTO 成员。

加入 WTO 是中国改革开放和现代化建设进程中的一个重要里程碑。在漫长的 15 年谈判过程中，中国推进了一系列改革措施，使其与国际规则相符合或者更加趋近。加入 WTO 后，中国认真履行承诺，大幅降低关税税率、削减非关税措施，关税总水平由 2001 年的 15.3% 降至 9.8%，开放了 100 个服务贸易部门。认真清理与外经贸有关的各项法律法规，仅在中央各部门就涉及 2000 多项相关文件，废除了与世贸组织规则明显不符的法律法规，对部分不符的文件进行了修改。与此同时，中国全面享受了世贸组织成员各项基本权利，获得了稳定、透明、可预见、非歧视的多边贸易机制保障。自 2001 年至 2017 年，中国货物贸易进出口总额从 5097 亿美元升至 41045 亿美元，出口从 2661 亿美元升至 22635 亿美元，分别增长 7.1 倍和 7.5 倍。根据 IMF 统计，2007 年，中国货物和服务贸易出口占全球比重为 10.7%，较 2001 年的 4.0% 提高了 6.7 个百分点；在新兴市场和发展中国家中的比重为 29.4%，较 2001 年提高了 9.7 个百分点。与此同时，中国 GDP 占全球的比重由 2001 年的 12.1% 升至 2017 年的 18.2%，提高了 6.1 个百分点。

加入 WTO 后，中国将自身改革融入全球经济治理，同时积极推动 WTO 多哈回合谈判及相关变革，包括《信息技术协定》（ITA 扩围谈判）、农业议题谈判、环境产品谈判、服务贸易谈判等。2015 年 12 月，世界贸易组织的 50 余个成员国达成近 20 年来规模最大的关税减让协议，取消对 201 项 IT 产品 1.3 万亿美元贸易的限制。2015 年 12 月 16 日，包括中国在内的 24 个参加方在肯尼亚内罗毕共同发表声明，明确各参加方要约束并逐步取消 201 项产品的关税。依据《关于扩大信息技术产品贸易的部长宣言》承诺，中国于 2016 年 9 月 15 日对 201 项信息技术产品最惠国税率实施首次降税。

四、中国与二十国集团峰会（G20）

20 世纪 70 年代初七国集团成立，随后成为全球经济治理的核心。自 2002 年以后，历次峰会都会邀请很多发展中国家、国际组织参与"扩展对话"。2003 年法国峰会邀请了包括中国、印度、巴西、墨西哥、沙特、南非等 12 个国家，以及世界银行行长、国际货币基金组织总裁、世界贸易组织总干事参加"扩展对话"。2005 年起，八国集团领导人同主要发展中国家领导人开展对话的模式延续下来成为"G8+5"固定模式，即邀请中国、印度、巴西、南非和墨西哥等 5 国领导人参加 G8 峰会。

二十国集团机制是在八国集团推动下于 1999 年 9 月建立，是国际货币基金组织和世界银行框架内非正式对话的一种新机制，旨在

推动国际金融体制改革以及发达国家和新兴市场国家之间就实质性问题进行讨论和研究，以寻求合作并促进世界经济的稳定和持续增长。G20 成员包括八国集团成员和中国等 12 个其他经济体。G20 自成立起每年举行一次"财政部长及中央银行行长会议"，2008 年 11 月，在金融危机不断加剧的背景下，G20 领导人在华盛顿举行了首次峰会。2009 年在英国伦敦和美国匹兹堡举行了第二次和第三次峰会，并于匹兹堡峰会明确指定 G20 为"国际经济合作的主要平台"，提出峰会每年举行一次。

G20 机制的性质是非正式性，因此 G20 没有常设办事机构，每次会议的组织和协调工作由该次会议的轮值主席国负责。2016 年中国作为 G20 轮值主席国，于 9 月 4 日主办杭州峰会，峰会主题是"创新、活力、联动、包容"，重点议题为"创新增长方式""更高效的全球经济金融治理""强劲的国际贸易和投资"以及"包容和联动发展"，上述四大重点议题包括 21 项分议题。习近平主席出席二十国集团工商峰会开幕式并发表主旨演讲，指出"中方主办杭州峰会的目标之一，是推动二十国集团实现从短期政策向中长期政策转型，从危机应对向长效治理机制转型，巩固其作为全球经济治理重要平台的地位"，强调"全球经济治理特别要抓住以下重点：共同构建公正高效的全球金融治理格局，维护世界经济稳定大局；共同构建开放透明的全球贸易和投资治理格局，巩固多边贸易体制，释放全球经贸投资合作潜力；共同构建绿色低碳的全球能源治理格局，推动全球绿色发展合作；共同构建包容联动的全球发展治理格局，以落实联合国 2030 年可持续发展议程为目标，共同增进全人类福祉！"2017 年 G20 峰会在德国召开，2018 年将于 11 月 30 日在阿根廷首都布宜诺斯艾利斯举行。

五、中国与金砖国家峰会

2009 年 6 月首届金砖国家峰会在俄罗斯叶卡捷琳堡召开，正式启动了金砖国家合作机制，参会国家为巴西、俄罗斯、印度和中国，即金砖四国（BRIC）。2010 年 12 月，中国作为"金砖国家"合作机制轮值主席国，与俄罗斯、印度、巴西一致商定，吸收南非作为正式成员加入"金砖国家"合作机制，并更名为"金砖国家"（BRICS）。在 2011 年中国三亚举行的第三次金砖国家峰会上，因南非加入参会国家扩大到五个。2014 年 7 月，巴西福塔莱萨第六次峰会在机制建设上取得重大进展，金砖新开发银行和金砖应急储备安排正式设立。其中，金砖新开发银行初始资本为 1000 亿美元，由 5 个创始成员平均出资，总部设在中国上海，其宗旨是为金砖国家和其他发展中国家的基建和可持续发展提供资源支持。金砖应急储备安排初始承诺互换规模 1000 亿美元，其中中方承诺出资 410 亿美元，投票权为 39.95%。该储备安排旨在维护金融稳定，在成员国面临国际收支压力时提供短期流动性支持。2017 年 9 月，金砖国家第九次峰会在中国厦门召开，主题为"深化金砖的伙伴关系，开辟更加光明的未来"。2018 年南非担任金砖机制主席国，于 7 月在约翰内斯堡举行第十次金砖领导人会晤。

六、中国与其他组织

除上述提到的 IMF、世界银行、G20、金砖国家峰会外，中国还参加了亚洲开发银行、欧洲投资银行等国际开发组织，牵头组建亚洲基础设施投资银行，积极参与亚太经济合作组织财长会、东盟与中日韩财金合作等多边对话机制，大湄公河次区域经济合作机制、

中亚区域经济合作机制等区域合作机制，中美全面经济对话、中英经济财金对话、中法高级别经济财金对话、中德高级别财金对话、中加经济财金战略对话、中俄财长对话等双边对话机制，在更广范围、更深层次参与全球经济治理。

这里需要特别提到东盟与中日韩财金合作（即 10+3 财长与央行行长会议），这是亚洲地区自发组织、制度化建设最卓有成效的经济治理合作机制。在中方倡导下，1999 年 4 月首次 10+3 财长会议在菲律宾马尼拉举行。经过近 20 年发展，10+3 财金合作取得三大成就：一是签署了清迈倡议多边化协议（CMIM）。该协议旨在防范和应对本地区短期流动性危机，2012 年扩大至 2400 亿美元。其中，中国和日本各自出资 768 亿美元。二是成立了东盟与中日韩宏观经济研究办公室（AMRO）。2016 年 2 月 AMRO 升级为国际组织。三是提出了亚洲债券市场倡议（ABMI），最重要的成果——区域信用担保与投资基金（CGIF）于 2010 年设立，2017 年 12 月 CGIF 出资人大会通过决议将 CGIF 资本金增至 12 亿美元。10+3 财金合作设立联合主席制，2018 年联合主席为韩国和新加坡，2019 年将由中国和泰国担任联合主席。

第二节　中国参与全球经济治理的成就与经验

全球经济治理是双向的，参与全球经济治理既是一个融入国际规则的过程，同时也是一个变革现有规则、重塑新规则的过程。改革开放 40 年间，中国参与全球经济治理取得伟大成就，积累了很多宝贵经验。

一、中国参与全球经济治理既有助于自身发展和丰富全球治理经验，亦有助于国际社会客观认识中国

如前所述，中国加入 IMF、世界银行和 WTO，不仅弥补了经济建设和社会发展所需的资金，而且在推动制度创新、技术创新等方面也发挥了明显作用。以世行贷款为例，改革开放初期，世行提供的优惠贷款主要投向交通、通讯等基础设施，为后续经济高速增长发挥重要作用。20 世纪 90 年代之后，世行贷款逐渐向社会和环保领域倾斜，为保护环境、改善民生起到很好的探索和引导作用。更为重要的是，中国通过与世行合作，有力推进了体制机制改革。例如，通过世行贷款引进的竞争性招标机制、工程师监理制度、业主负责制已成为中国重大工程项目的标准作法；通过世行项目引进的供水、污水收费制度已在中国推行，为水资源的可持续发展提供了基础；通过世行项目率先试点的区域卫生资源规划、医疗扶贫基金等为卫生体制改革与发展提供了宝贵的借鉴经验。此外，世行针对中国财政金融、社会保障、企业改革、投资环境、知识经济、农村发展、扶贫开发、教育卫生、交通运输、能源水利、环境保护等经济社会发展的瓶颈领域进行专门调研，为中国宏观经济管理和行业部门改革提出了许多具有参考价值的意见和建议。

中国在积极融入国际治理规则体系同时，将先进发展理念与中国国情相结合，取得显著成就。中国成为世界银行最优客户，为世界银行提供了大量可供全球借鉴的经验，丰富了世行的项目实践内容，提升了世行在全球治理中的能力和水平。2004 年 5 月，世行主办、中国协办的上海全球扶贫大会是双方开展国际发展合作的典范。大会推动了国际社会对全球扶贫理念和实践的再认识，并推动了国

际社会为减贫而行动的共识。与此同时，通过世行宣传中国的发展成就、发展经验和发展理念，有助于国际社会对中国国情和发展实践的理解、同情和支持，增强了中国努力融入全球规则体系的信用和前景。

二、推动全球经济治理既需要有经济实力做支撑，又需要有开放合作的理念做指引

中国参与全球治理逐渐由被动式、接受式，转向主动推动现有体系的变革，这一过程首先是建立在中国经济实力快速提升基础之上的。1995 年，按当时汇率核算，中国是世界第七大经济体，2000 年中国上升为第六大经济体，2005 年升至第五大经济体，2010 年起中国一直位列全球第二大经济体。此外，2014 年中国成为全球第一贸易大国，之后一直保持在前两名，2017 年中国再次位列全球货物贸易第一大国。依据 WTO 核算的各国在全球贸易（含货物和服务）中所占份额的公式，2017 年中国占比为 9.594%，位列全球第二，第一是美国、占比 11.237%，第三名为德国、占比 7.312%。

随着经济实力和全球影响力的提升，中国一方面积极参与传统全球经济治理体系的完善和改革。2013 年以来，中国积极与发达国家联手，加强国际宏观经济政策协调，加强金融风险管控，推动全球治理架构和国际货币基金组织（IMF）的份额改革。另一方面，中国开始主动塑造和构建更加公平合理的治理机制。如金砖国家峰会、亚洲基础设施投资银行、"一带一路"峰会等。无论是传统治理体系变革，还是新体制塑造，中国不断加大公共产品供给，如对联合国和 IMF 等国际组织逐年增加会费缴纳，向世界银行提供软贷款，建立中非合作基金、丝路基金、中拉基金，等等，体现负责任大国

的担当。与此同时，中国高举全球化旗帜，提出了"共商共建共享"
的全球治理观，受到世界各国的广泛支持和积极回应。上述成就的
取得既是建立在强大的经济实力基础之上，也离不开开放合作的理
念和高瞻远瞩的眼光。

三、参与全球经济治理需要打造强大的中国团队，及时发出中国声音

同主导全球经济治理的西方国家相比，中国参与全球经济治理
的人才储备相对欠缺。曾经担任 WTO 首席谈判代表的龙永图曾在
一篇谈中国教育的文章中提到（《当代教育家》2016 年第 6 期），20
世纪 80 年代初，他和很多毕业没多久的年轻外交官被派到联合国工
作，经常需要在联合国会议上代表中国表态，表态就是话语权，但
当时他们都不知道怎样表态，只记住几条原则，比如发展中国家同
意的就同意，反对的就反对；像发达国家提出的要提高环保标准，
中国就抵触。其结果就是中国的话语权没得到有效使用，有时反
而损害了国家的长期利益。

时过境迁，中国参与全球经济治理能力提升。40 多年实践表明，
争取更多的话语权、利用好话语权需要有高素质团队。这些人既要
有基础职业素养，又要有战略眼光，还要有全球视野，更要具备与
主要国家沟通的技巧和谈判能力。只有这样，才能就重大问题及时
发出中国声音，提出中国方案。如，自加入 WTO 以来，中国积极参
与 WTO 多哈回合修订反倾销规则的谈判，提交了中方自己的提案，
谈判能力和表现得到各方的认可，被纳入"规则谈判诸边磋商小组"，
成为反倾销规则谈判核心成员之一。再如，2008 年国际金融危机爆
发后，时任中国央行行长周小川用中英文在央行网站发表署名文章

《关于改革国际货币体系的思考》，提出应充分考虑发挥特别提款权的作用，引发全球广泛关注。虽然该观点争议很大，但还是引导全球将目光聚焦到国际货币体系中美元独大带来的缺陷和风险上。此后，中国积极参与推动 2010 年 IMF 份额改革，G20 峰会亦将国际金融体系改革列为重大议题，2016 年 10 月人民币被正式纳入特别提款权篮子货币。总而言之，中国在多边和区域、传统和新生等全球治理领域取得的一系列成就，均与中国培育出一支能够抓住问题实质、提出有效解决方案、积极主动作为的团队密切相关。

第三节　中国参与全球经济治理的发展方向

党的十九大报告已就中国参与全球治理的理念、原则、方向做了系统阐述，提出"中国秉持共商共建共享的全球治理观，倡导国际关系民主化，坚持国家不分大小、强弱、贫富一律平等，支持联合国发挥积极作用，支持扩大发展中国家在国际事务中的代表性和发言权。中国将继续发挥负责任大国作用，积极参与全球治理体系改革和建设，不断贡献中国智慧和力量"。基于十九大精神，未来中国可考虑从以下四个方向积极参与全球经济治理。

一、积极促进"一带一路"国际合作，将其作为弘扬共商共建共享理念及实施中国方案的核心平台

依托"一带一路"国际合作新平台，积极参与全球经济治理和公共产品供给，努力实现政策沟通、设施联通、贸易畅通、资金融通、民心相通，提高中国在全球经济治理中的制度性话语权，构建

广泛的利益共同体。为此，中国需在制度化建设以及平衡众多关系中不断探索，广泛进行多双边沟通和协调，增强塑造国际经贸规则的能力建设和国际基础。具体举措如下。

一是加快"一带一路"机制化建设。定期召开"一带一路"峰会，增强峰会在宏观政策协调、经贸领域热点问题等的执行力，争取在一些关键点上取得明显效果。比照东盟与中日韩宏观经济研究办公室（AMRO），成立"一带一路"核心国家协调小组或者办公室。二是以重大项目运作推动全方位合作。选择关系国计民生的重大项目推进"一带一路"合作，以其为依托，构建多边、经济、社会等多层次、宽领域合作，体现共商共建共享精神，贯穿"创新、协调、绿色、开放、共享"发展新理念，将中国经验与中国理念贯穿其中。三是通过"一带一路"推进自贸区规则的融合。在推进"一带一路"建设同时，中国应加快实施自由贸易区战略，并沿着"一带一路"推进区域合作组织规制的融合，使"一带一路＋自贸区"成为中国参与国际经贸规则制定、争取全球经济治理制度性权力的重要平台。

二、以 G20 峰会为全球经济治理首要平台，维护和拓展中国利益

G20 反映了 2008 年国际金融危机后全球经济治理格局的深刻变化，该机制既是传统治理机制的延续，亦是未来改变旧国际经济秩序的借重平台；既是中国首次以塑造者、创始国和核心参与方身份参与的全球经济治理机制，也是未来中国要积极参与、主动作为、认真维护的全球经济治理的首选机制。在参与方式和力度上，中国应注重权利与责任的平衡，要坚持改革的渐进性和与传统体制的协调性。具体建议如下。

一是积极推动 G20 的机制化。将 G20 定位为全球治理的最高决策机构之一，积极推动建章立制工作，强化功能性建设，提高执行力与权威性，推动 G20 从短期应对危机的机制向长效经济治理的机制转化。与此同时，在 G20 框架内，中国要始终坚持提倡共同利益，强调保障各自"核心利益"，防止 G20 机制演变成两极或多极对抗场所。二是高度重视与世界贸易组织、国际货币基金组织和世界银行框架对接和协调，使 G20 共识尽可能多地通过这些机构能够落地，增强 G20 的有效性。三是在 G20 机制内建立多层次协调架构。首先，要加强与美国双边协调，以创建一个双方都能因此受益的全球体系。其次，加强与"金砖国家"（BRICS）协调与合作，适时扩大 BRICs 峰会成员，就新兴大国之间的共同利益与诉求达成共识，使中国在 BRICS 中发挥主导作用。再次，以共同利益或关切为基础，与有关成员国加强协调，如加强与德国、日本等长期贸易顺差国的协调。最后，提高 G20 议题设置能力，通过议题设置扩大中国全球经济治理改革进程中的影响力。

三、更加注重金融治理领域的合作，使人民币国际化行稳致远

自 20 世纪 70 年代以来，国际金融领域治理主要在 G7 峰会框架下进行，全球六大央行合作机制是主要载体。随着中国开放的大门越开越大，加大金融领域的国际合作将是中国参与全球经济治理的重中之重。需从四个层面参与和推动国际金融治理合作和变革。

一是全球层面，可在 G20 框架下推动落实杭州峰会"更高效的全球经济金融治理"倡议。首先，加强跨境资本管理政策合作。将应对大规模跨境资本流动作为近中期的核心挑战之一，推动各国加

强跨境资本流动监测分析和评估，建立外债和跨境资本流动的宏观审慎管理政策框架，强调各国监管部门之间以及与国际组织之间加强合作，在全球范围内识别、评估跨境资本流动风险，做好风险防范的工具储备和政策组合。其次，完善全球金融安全网。加强现有合作机制之间的联动，使 IMF、双边互换协议、东亚外汇储备库、金砖国家应急储备安排、全球六大央行货币互换永久协议（美联储、欧央行、英国央行、日本央行、加拿大央行和瑞士央行）之间建立沟通渠道持续开展灵活、自愿的对话，加强沟通和经验交流。二是在地区层面，要继续加强 10+3 财金合作，维护地区金融稳定。三是在双边层面，加强与美联储、欧央行等货币政策沟通，继续与主要贸易伙伴商签双边本币互换协定，推进人民币国际化进程。四是在更长远的将来，随着人民币国际化推进，中国应慎重考虑并积极争取加入 G7 国际金融合作，加入六大央行货币互换机制，完善全球金融治理体系，增强中国金融市场的稳定性，维护人民币在国际货币体系中的地位和正当权益。

四、继续推动 IMF 和世行投票权改革，使其反映世界经济格局的深刻变化

根据 IMF 相关规定，理事会定期（通常每隔五年）进行份额总检查，份额的任何变化必须经 85% 的总投票权批准。份额总检查解决两个主要问题即总增资规模以及增资在成员国之间的分配，以反映其在世界经济中相对地位的变化。2010 年 IMF 和世行投票权改革对于中国、发展中国家以及全球经济体系都具有深远的意义，是一个具有里程碑意义的事件。2010 年改革显著提高了新兴市场和发展中国家的投票权，尤其是中国投票权大幅提高，获得更多的话语权，

这对于中国在下一步改革中，更好地发挥股东国作用，维护本国利益及代表发展中国家发声奠定了良好的基础。中国作为第二大经济体，与其目前份额仍然不相匹配。未来中国要以最终实现发达国家和发展中国家平等分享投票权为目标，继续推动 IMF 和世行投票权改革，不断扩大对其重大决策的影响，提升在全球经济治理中的领导力。

结束语

　　改革开放 40 年来，中国在高水平对外贸易、高质量利用外资、积极"走出去"等领域均取得了令世界瞩目的成就。特别是党的十八大以来，我国加快实施更为积极主动的对外开放战略，积极推动"一带一路"倡议和参与全球经济治理，对推动全球化的深入发展作出了巨大的贡献。当前，我国对外开放的内外部环境也发生了较大变化。从国际形势看，美国等西方发达国家主导的传统全球化模式的弊端日益凸显，部分发达经济体单边主义和贸易霸凌主义愈演愈烈，经济全球化面临的阻力显著加强，客观上要求中国通过进一步提升对外开放水平促进全球化深入发展。从国内形势看，我国现行体制机制、要素结构仍不能完全适应高质量发展的要求，客观上要求中国充分发挥对外开放在推动体制机制改革、优化国内生产要素结构和优化区域发展格局等方面的重要作用，在更高层次上和全球经济深入融合发展。

　　为此，新时代中国对外开放应坚持以习近平新时代中国特色社会主义思想为指导，深入贯彻党的十九大精神，紧紧把握以对内推动经济高质量发展和对外构建人类命运共同体两大战略目标，理性积极防范国际环境重大变化所带来的干扰，以高质量高标准建设"一带一路"为立足点统筹创新对外开放合作模式，以进出口协调发展

和改善要素禀赋为抓手逐步提升我国在全球价值链中的位势，以持续扩大市场准入和优化营商环境为抓手提升利用外资综合质量，以创新国际产能合作模式为抓手构建新型国际合作网络，以加大西部开放力度为抓手有效优化区域开放布局，以统筹发挥传统平台和新平台引领作用为抓手改善对外平台开放格局，以高标准自贸区建设为抓手积极参与全球经贸规则制定，逐步形成一套层次高、示范性优、包容性强、透明度好的中国特色社会主义开放型经济发展模式，为经济全球化深入发展作出更大的贡献。

参考文献

1. 高尚全：《中国改革开放 40 年的经验和启示》，载《全面深化改革领导干部学习读本》。

2. 林毅夫：《中国经济改革经验与反思》，《上海证券报》2013 年 10 月 31 日。

3. 林毅夫：《中国经验对新兴经济体的启示》，《人民日报》2016 年 4 月 24 日。

4. 田国强、陈旭东：《中国改革——历史、逻辑和未来》，中信出版社 2016 年版。

5. 张二震、方勇：《经济全球化与中国对外开放的基本经验》，求是理论网，2012 年 4 月 1 日。

6. 张建国：《学习习近平总书记关于引进国外人才和智力的重要论述》，《学习时报》2014 年 7 月 28 日。

7. 国家发展和改革委员会对外经济研究所：《中国经济国际化进程》，人民出版社 2009 年版。

8. 李辉等：《中国对外贸易概论》，对外经济贸易大学出版社 2014 年版。

9. 陈安、蔡从燕：《国际投资法的新发展与中国双边投资条约的新实践》，复旦大学出版社 2007 年版。

10. 柴静玉：《基于增加值贸易的中国服务业全球价值链国际分工地位探讨》，《商业经济研究》2016 年第 2 期。

11. 陈奇星：《强化事中事后监管：上海自贸试验区的探索与思考》，《中国行政管理》2015 年第 6 期。

12. 成思危：《从保税区到自由贸易区：中国保税区的改革与发展》，经济科学出版社 2003 年版。

13. 陈宪、黄建锋：《分工、互动与融合：服务业与制造业关系演进的实证研究》，《中国软科学》2004 年第 10 期。

14. 迟福林：《"十三五"：以服务业市场开放为重点的结构性改革》，《行政管理改革》2016 年第 2 期。

15. 樊瑛：《中国服务业开放度研究》，《国际贸易》2012 年第 10 期。

16. 方希桦、包群：《国际技术溢出：基于进口传导机制的实证研究》，《中国软科学》2004 年第 7 期。

17. 郭岚：《上海现代服务经济发展研究》，上海社会科学出版社 2011 年版。

18. 官华平、王莉：《服务业开放度、研发水平与服务外包关系探讨——基于广东的实证研究》，《商业经济研究》2012 年第 14 期。

19. 高维和、孙元欣、王佳圆：《美国 FTA、BIT 中的外资准入负面清单：细则与启示》，《外国经济与管理》2015 年第 3 期。

20. 高运胜：《上海生产性服务业集聚区发展模式研究》，对外经济贸易大学出版社 2009 年版。

21. 韩玉军、刘一娇：《中国服务业发展的国际比较》，《经济纵横》2014 年第 1 期。

22. 胡佩霞：《首家两岸合资银行入驻深圳》，《深圳商报》2008

年 2 月 28 日。

23. 季剑军、曾昆：《服务业对外开放与竞争力关系的研究》，《经济与管理研究》2016 年第 1 期。

24. 季剑军：《服务业开放度与竞争力的国际比较》，《宏观经济管理》2015 年第 1 期。

25. 裴莹、于立新：《"互联网 +"新业态促进中国服务贸易与货物贸易协调发展研究——基于浙江省的经验》，《宏观经济研究》2015 年第 12 期。

26. 林峰、戴磊、林珊：《从国际服务贸易摩擦透视自由化谈判的利益差异——兼论中国服务贸易发展的战略选择》，《亚太经济》2014 年第 6 期。

27. 林晓伟、李非：《福建自贸区建设现状及战略思考》，《国际贸易》2015 年第 1 期。

28. 刘鹭：《服务业生产率与服务业发展研究》，经济科学出版社2013 年版。

29. 刘旭：《国际服务贸易协定（TISA）对中国经济的影响及对策建议》，《全球化》2014 年第 9 期。

30. 刘艳：《我国服务贸易进口、服务业 FDI 与技术进步的关系研究》，《国际商务研究》2011 年第 1 期。

31.Antras P. and Helpman E., "Global Sourcing." *The journal of Political Economy*, 2004（6）.

32.Bernard Hoekman,Carlo A.Primo Braga, "Protection and Trade inServices: A Survey", *Open Economics Review*, 1997（8）.

33. 陈越峰、胡斌：《我国利用外资政策 30 年发展及其启示》，《中国外资》2009 年第 2 期。

34. 崔新健主编：《中国利用外资三十年》，中国财政经济出版社2008年版。

35. 邓慧慧、陈昊等：《中国外商投资发展报告》（2017），对外经济贸易大学出版社2017年版。

36. 裴长洪、杨志远：《提高吸引外商投资水平的再思考》，《国际贸易》2012年第9期。

37. 桑百川：《利用外资推动我国自主创新》，《国际经济合作》2016年10月。

38. 桑百川、张乃丹、任苑荣：《中国制造业外商直接投资持续下降的原因、影响和对策》，《国际贸易》2015年第4期。

39. 贺灿飞：《外商直接投资区位理论与实证分析研究》，中国经济出版社2011年版。

40. 徐玲等：《当前我国利用外资的新特点和新形势分析》，《国际贸易》2016年第2期。

41. 张培铭：《我国利用外资现状及对策》，《合作经济与科技》2016年第2期。

42. 杜龙政、林润辉：《对外直接投资、逆向技术溢出与省域创新能力——基于中国省际面板数据的门槛回归分析》，《中国软科学》2018年1月。

43. 高尚全：《中国改革开放40年的经验和启示》，载《全面深化改革领导干部学习读本·总序》，中国财政经济出版社2017年版。

44. 林毅夫：《中国经济改革经验与反思》，《上海证券报》2013年10月31日。

45. 裴长洪：《中国企业对外投资与"一带一路"建设机遇》，《财政监督》2017年3月。

46. 王领、胡晓涛：《"一带一路"背景下中国企业主导的全球价值链构建》，《云南社会科学》2017年1月。

47. 赵春明：《构建全方位开放新格局背景下中国对外直接投资的发展趋势》，《国际贸易问题》2018年1月。

48. 巴曙松、王劲松、华中炜：《中国金融体制改革进展与趋势分析》，《云南财经大学学报》2008年第2期。

49. 陈道富：《中国金融业对外开放的现状分析》，《调查研究报告》2006年第255期。

50. 李天德：《中国金融对外开放50年》，《西南民族大学学报（人文社科版）》1999年第6期。

51. 刘陆宇：《我国金融市场开放深化问题和对策探讨》，《现代商贸工业》2011年第21期。

52. 逯新红：《中美应加强金融开放与合作》，《中国金融》2012年第15期。

53. 马蔚华：《加大金融开放力度　积极推动人民币国际化向纵深发展》，《广西社会科学》2014年第5期。

54. 苏同华：《金融开放与我国有效金融安全网建设》，《华东师范大学学报（哲学社会科学版）》2002年第3期。

55. 唐雅晖：《中国金融市场开放的几点思考》，《中央财经大学学报》2000年第10期。

56. 张明：《人民币国际化：政策、进展、问题与前景》，《金融评论》2013年第2期。

57. 赵雅风、钟红：《人民币债券市场对外开放的进展和前景展望》，《国际金融》2017年。

58. 傅梦孜、徐刚：《"一带一路"：进展、挑战与应对》，《国际

问题研究》2017 年第 3 期。

59. 顾春光、翟崑：《"一带一路"贸易投资指数：进展、挑战与展望》，《当代亚太》2017 年第 6 期。

60. 郭朝先、皮思明、邓雪莹：《"一带一路"产能合作进展与建议》，《中国国情国力》2016 年第 4 期。

61. 李锋：《"一带一路"战略最新进展与展望》，载《国际经济分析与展望》2016 年。

62. 刘卫东、宋周莺、刘志高等：《"一带一路"建设研究进展》，《地理学报》2018 年第 4 期。

63. 欧晓理：《"一带一路"工作进展及未来展望》，《港口经济》2015 年第 12 期。

64. 郑启荣：《"一带一路"在周边的新进展和新问题》，《世界知识》2016 年第 21 期。

65. 段娟：《改革开放初期至 90 年代中期我国区域发展战略转变的历史考察》，《党史文苑》2009 年第 6 期。

66. 李自杰、李计广：《中国区域开放战略的演变与反思》，《云南社会科学》2010 年第 3 期。

67. 夏先良：《构建区域全面开放发展新格局》，《国家治理周刊》2018 年 6 月 11 日。

68. 郑贵斌：《我国陆海统筹区域发展战略与规划的深化研究》，《区域经济评论》2013 年第 1 期。

69. 扶涛、王方方：《我国自贸区建设与对外经济开放三元边际扩展战略》，《经济问题探索》2015 年第 12 期。

70. 李光辉、王芮：《我国自贸区建设的成就与今后重点发展方向》，《国际贸易》2017 年第 7 期。

244

71. 朱悠然、蔡宏波：《全球自贸区发展与中国自贸区建设》，《国际经济合作》2016 年第 1 期。

72. 赵博艺：《多视角透析中国"自贸区"建设》，《国家治理》2016 年第 12 期。

73. 李怡：《"一带一路"下的中国自贸区建设》，《中国外资》2018 年第 11 期。

74. 毕海东、钮维敢：《全球治理转型与中国责任》，《世界经济与政治论坛》2016 年第 7 期。

75. 大卫·万斯：《中国在 G20 中的新型领导作用与全球治理机制》，《改革经济导刊》2016 年第 10 期。

76. 刘宏松、项南月：《G20 与全球经济治理研究述评》，《国际观察》2016 年 5 月。

77. 林跃勤：《全球治理创新与新兴大国责任》，《南京社会科学》2016 年第 10 期。

78. 李杨、高天昊：《从 G7 到 G20：竞争的多边主义与日本的全球经济治理角色》，《外交评论》2016 年第 5 期。

79. 李艳君：《未来全球治理结构变化趋势及影响因素》，《国际经济合作》2014 年第 12 期。

80. 潘竞男：《从 UN 到 G20——中国参与全球治理的历史与成就》，《中国党政干部论坛》2016 年 10 月。

81. 庞中英：《全球治理的中国角色：复杂但清晰》，《学术前沿》2015 年第 8 期下。

82. 庞中鹏：《从伊势 G7 到杭州 G20：凸显全球经济治理重要性》，《当代世界》2016 年第 7 期。

83. 任琳：《全球治理机制视域下的金砖国家合作》，《贵州省党

校学报》2016 年第 3 期。

84.《习近平关于全球治理的深刻论述》，2016 年 8 月 30 日。

85. 张贵洪:《联合国、二十国集团与全球发展治理》,《当代世界与社会主义》2016 年第 4 期。

86. Budget: Finance and Administration ，World Trade Organization Annual Report 2017，WWW.wto.org/budget.

责任编辑:高晓璐

图书在版编目(CIP)数据

开放:中国繁荣发展的必由之路/国家发展改革委宏观经济研究院对外经济
　研究所 著. —北京:人民出版社,2018.12
(改革开放 40 年:中国经济发展系列丛书)
ISBN 978 - 7 - 01 - 020133 - 7

Ⅰ.①开…　Ⅱ.①国…　Ⅲ.①改革开放-研究-中国　Ⅳ.①D61

中国版本图书馆 CIP 数据核字(2018)第 274849 号

开放:中国繁荣发展的必由之路
KAIFANG ZHONGGUO FANRONG FAZHAN DE BIYOUZHILU

国家发展改革委宏观经济研究院对外经济研究所　著

人民出版社 出版发行
(100706　北京市东城区隆福寺街 99 号)

山东鸿君杰文化发展有限公司印刷　新华书店经销

2018 年 12 月第 1 版　2018 年 12 月北京第 1 次印刷
开本:710 毫米×1000 毫米 1/16　印张:16.25
字数:255 千字

ISBN 978 - 7 - 01 - 020133 - 7　定价:56.00 元

邮购地址 100706　北京市东城区隆福寺街 99 号
人民东方图书销售中心　电话 (010)65250042　65289539